KB271579

4주로 끝내는
목소리
성형

한 그루의 나무가 모여 푸른 숲을 이루듯이
청림의 책들은 삶을 풍요롭게 합니다.

4주로 끝내는

Voice Training

목소리 성형

박지현 지음

청림Life

목소리는 스스로 만들어가는 것이다

"발표할 때 목소리가 떨려요", "부정확한 발음이 고민이에요", "말할 때 목이 아파요" 등 많은 사람들이 자신의 목소리에 대해 고민한다. 하지만 이를 어떻게 고쳐나가야 하는지에 대해서는 방법을 잘 모르고 있다. 목소리는 나이, 직업, 환경에 따라 바뀌는 후천적 결과물이다. 따라서 목소리는 본인 스스로 얼마든지 바꿔 나갈 수 있다.

나 역시 학창 시절 염소 울음소리처럼 불안하게 떨리는 음성을 두고 심각하게 고민하던 때가 있었다. 내 목소리를 사람들이 이상하게 생각할까 봐 말을 하는 게 겁이 났었다. 그러던 어느 날 TV에 나오는 아나운서를 보았다. 명료한 발음과 신뢰감 있는 목소리에 나도 한 번쯤 저렇게 말해 보고 싶다는 생각이 들었다. 그래서 방송국 홈페이지에 있는 뉴스 스크립트를 출력해 아나운서 말투를 무작정 따라 연습을 했다.

하루도 빠지지 않고 매일 연습했다. 그런데 말투는 비슷하게 변했지만 여전히 호흡이 심하게 부족하고 발음이 부정확했다. 또 한참 읽다보면 목이 아파 더 이상 읽을 수가 없었다. 그래서 발성 관련 서적을 찾아 읽게 되었고 말하는 것과 호흡이 얼마나 깊이 연결되어 있는지 알게 되었다. 염소 울음처럼 떨리는 목소리도 모두 호흡과 연결된 발성의 문제였다. 호흡을 복식 호흡으로 수정하고 올바른 발성 방법을 찾아 다시 연습했다.

그 결과, 어느 순간 목소리 떨림이 사라진 것은 물론 목소리도 전보다 훨씬 더 크고 풍부해졌다. 이제는 상황에 따라 적절하게 얼마든지 목소리를 다채롭게 변화시킬 수 있게 되었다. 그리고 심지어 다른 사람의 목소리를 교정해주는 목소리 전문가가 되었다. 과거의 내 모습을 떠올리면 상상도 할 수 없는 일이다.

목소리의 변화는 내 삶을 변화시켰다. 목소리를 떨지 않고 자연스럽게 내 의견을 말하자 이전과 똑같은 상황에서도 훨씬 내 의견을 인정하고 존중해주었다. 이런 주변의 태도 변화는 수줍음이 많고 소극적이었던 나를 당당하고 긍정적인 사람으로 바꾸어주었다.

방송, 책 등을 통해 목소리도 바뀔 수 있다고 알리고 있음에도 여전히 목소리는 변할 수 없을 것이라는 생각을 가진 사람이 많다. 심지어 적극적으로 목소리를 고쳐보겠다고 찾아온 교육생들조차 의심의 눈초리가 남아 있다. 그들은 내가 예전에 그랬던 것처럼 다른 사람 앞에서 입 떼는 것조차 두려워하는 사람이 대부분이다.

나는 그들에게 이런 나의 경험을 이야기하는 것으로 희망의 메시지를 먼저 전한다. 그리고 체계적이고 구체적으로 목소리 훈련을 진행한다. 무엇인가 꾸준히 훈련한다는 것이 쉽지는 않다. 하지만 자신의 현재 상태를 알고 이를 개선하고자 하는 의지만 있다면 누구나 좋아실 수 있나. 그리고 목소리가 좋아지면 삶이 달라진다.

실제로 많은 교육생들이 목소리 변화로 면접에 합격하고, 프레젠테이션에 자신감이 생기고, 거래처를 만날 때 공포감이 사라졌으며 소극적인 성격이 적극적으로 바뀌었다고 말한다. 입 떼는 것조차 두려워했던 이들이 이제는 목소리가 자신만의 무기가 된 것이다. 자신감에 가득 찬 이들을 보며 나 또한 큰 보람과 사명감을 느낀다.

이렇게 목소리가 콤플렉스인 사람들에게 자신감을 심어주고 싶었다. 이 책은 이런 마음에서 시작되었다. 그리고 어떻게 하면 목소리 훈련을 보다 쉽게, 흔들리지 않고, 꾸준히 혼자서도 할 수 있을까를 고민하였다.

이런 고민 끝에 우선 목소리라는 것이 어떤 과정을 통해 만들어지는지를 소개하고 4주 동안 매일 따라 할 수 있는 훈련 방법을 소개했다. 훈련 방법에 있어서는 단지 가짓수만 많을 뿐 실생활 속에서 따라 하기 힘든 것은 과감히 생략했다. 그리고 꼭 필요한 훈련을 중심으로 4주간 반복적으로 트레이닝을 하여 효과를 높일 수 있도록 구성하였다.

또한 독자들이 가장 어려워할 발음 훈련은 각 자음과 모음으로 나눠 조음점 위치와 자세한 입 모양을 설명하여 거울을 보며 혼자서도 쉽게 따라 할 수 있도록 하였다. 이 외에도 매일매일 직접 자신의 목소리를 녹음하고 들어보며 평가할 수 있는 질문과 손쉽게 예시 목소리를 들을 수 있는 QR코드를 삽입하였다.

이 책을 따라 틈틈이 4주간 꾸준히 연습한다면 4주 뒤 여러분의 목소리는 마치 성형을 한 것처럼 매력적인 목소리로 바뀌어 있을 것이다. 매일 자신의 목소리를 확인하겠지만 4주간의 훈련을 모두 마친 후에는 꼭 첫

날 녹음했던 내 목소리를 들어보길 권한다. 그리고 그 차이를 느끼며 큰 기쁨과 보람을 맛보길 바란다.

목소리 훈련을 하면서 궁금한 점이 생기거나 책 속의 훈련으로도 나아지지 않는 점이 있다면 언제든지 위드윈스피치연구소 블로그(www.speech119.kr)를 통해서 상담을 받을 수 있다.

지금 이 글을 읽고 있는 독자는 목소리 변화가 절실한 사람일 것이다. 큰 결심으로 이 책을 선택했을 그 마음을 응원한다. 나는 그 결심과 노력이 헛되지 않도록 책 한 장, 한 장에 내가 할 수 있는 모든 목소리 노하우를 담았다. 이 책을 읽는 모두가 새롭게 변화된 멋진 목소리를 갖기를 간절히 소망한다.

나를 값지게 성장하도록 만들어주는 나의 사랑하는 가족, 나의 보물과 같은 소중한 친구들, 그리고 박지현을 아껴주는 많은 사람이 있었기에 이 책이 탄생할 수 있었음을 알린다. 물심양면으로 도움을 준 모든 분들께 감사의 인사를 전하며 마지막으로 이 책을 선택한 독자에게 진심으로 깊은 감사의 말을 전하고 싶다.

2014년 여름
박지현

2nd Week
나에게 딱 맞는 목소리 찾기

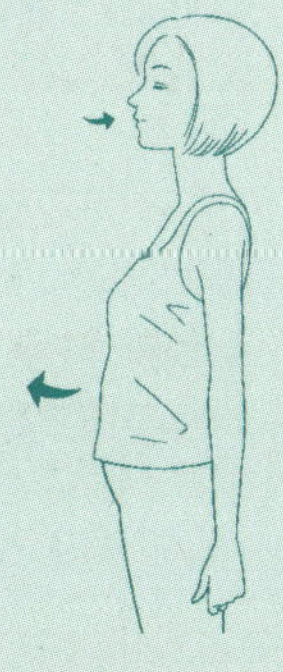

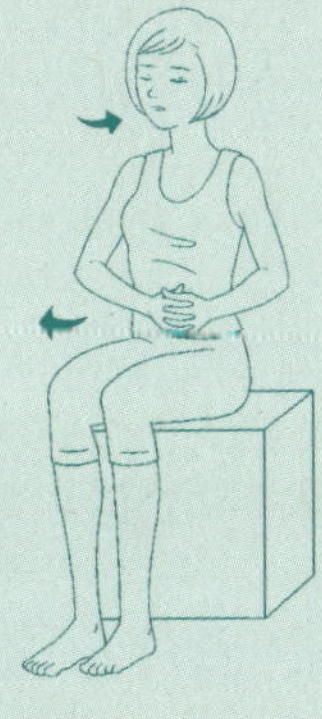

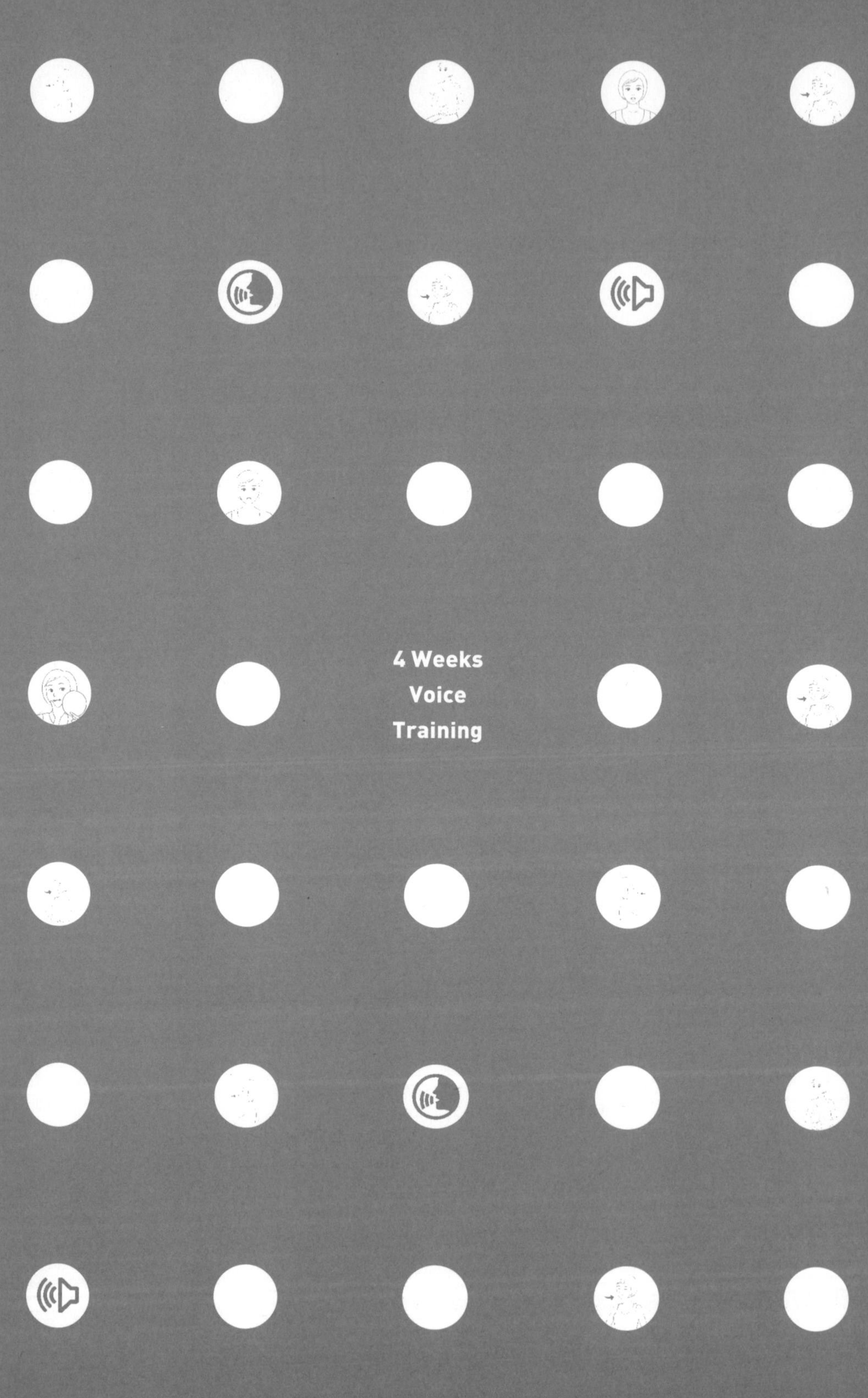
4 Weeks
Voice
Training

1

목소리에 대해 알아보자

목소리는 어떻게 만들어질까

타고난 목소리를 훈련을 통해 바꿀 수 있을지 많은 사람들이 궁금해 한다. 결론부터 말하자면 당연히 바꿀 수 있다. 태어날 때부터 완벽한 목소리를 가지고 태어나는 사람은 없다. 목소리는 나이에 따라 그리고 사회적 환경에 따라 달라지는 후천적 결과물이다. 따라서 발성기관을 어떻게 활용하느냐에 따라 발성의 크기가 달라진다. 사람의 목소리는 19페이지의 그림처럼 크게 4단계에 걸쳐 만들어진다.

목소리의 시작은 들숨과 날숨을 통한 호흡 운동이다. 이렇게 호흡기관에 만들어진 호흡이 발성기관인 성대를 지나며 진동시키는데 이것이 바로 우리가 알고 있는 발성이다. 이렇게 만들어진 발성은 비강, 구강, 인두강과 같은 공명기관을 거치게 된다. 이때 공명기관의 진동을 어떻게 활용하느냐에 따라 목소리의 음색이나 깊이, 톤이 달라진다. 마지막으로 메시지 전달을 위해 혀, 치아, 입술, 입천장 등의 조음기관을 활용하여 발음을 만들게 된다.

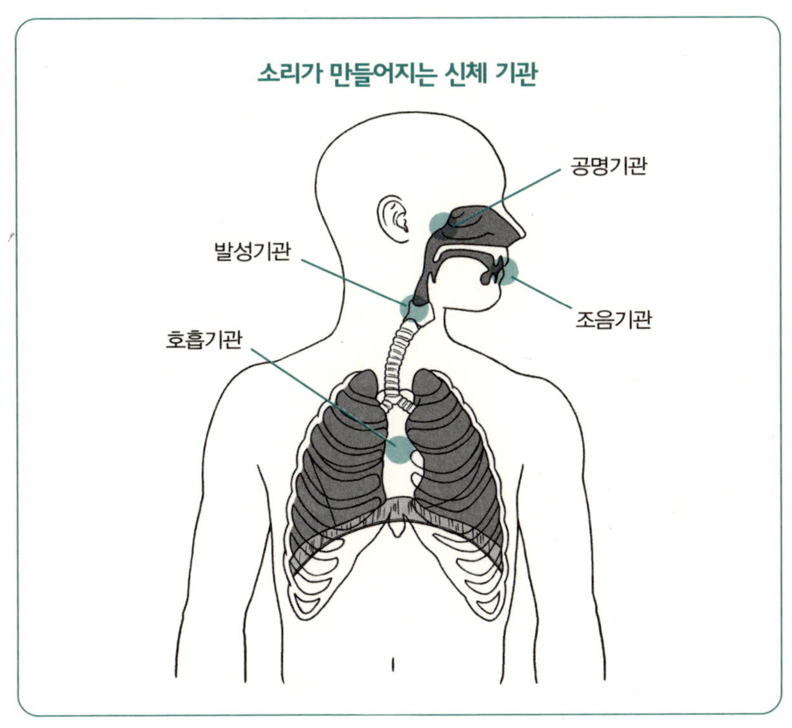

이처럼 목소리는 호흡기관, 발성기관, 공명기관, 조음기관을 거쳐 만들어지며, 4개 기관을 반복적으로 훈련하면 깊고 풍부한 목소리를 만들 수 있는 목소리 체력이 생기게 된다. 이 책에서는 호흡, 발성, 공명, 발음 이 4가지 운동을 반복적으로 훈련하면서 목소리 기본 체력을 다진다. 또한 톤 조절, 리듬, 포즈, 어미 처리, 이미지화 기법 등을 추가적으로 훈련하여 지금과는 전혀 다른 매력적인 목소리를 가질 수 있게 될 것이다.

바른 자세,
바른 목소리

목소리는 호흡기관, 발성기관, 공명기관, 조음기관 등의 근육들이 뇌의 명령을 받아 만들어진다. 따라서 목과 척추, 복부, 공명, 조음기관의 근육들이 강한 지지력으로 도움을 주어야 한다. 그러므로 좋은 목소리를 위해서는 앞으로 진행할 목소리 훈련 때는 물론 평소에도 바른 자세를 취하도록 노력해야 한다.

또한 호흡을 적절히 활용하면 목소리의 톤 조절이나 속도, 크기 등을 자유롭게 조절할 수 있어 훨씬 더 매력적인 목소리를 만들 수 있다. 이런 호흡 역시 바른 자세에서 원활히 이뤄진다. 이렇듯 좋은 목소리를 갖기 위해서는 무엇보다 바른 자세가 기본이 되어야 한다.

조음기관 스트레칭

목소리가 나오는 통로인 조음기관의 근육이 바르지 않은 상태에서 말을 하면 점점 잘못된 자세로 근육이 굳게 된다. 이런 상태는 결국 원래 좋은 목소리를 상하게 만들며 발음 또한 부정확하게 만

바른 자세 vs 잘못된 자세

• 바른 자세

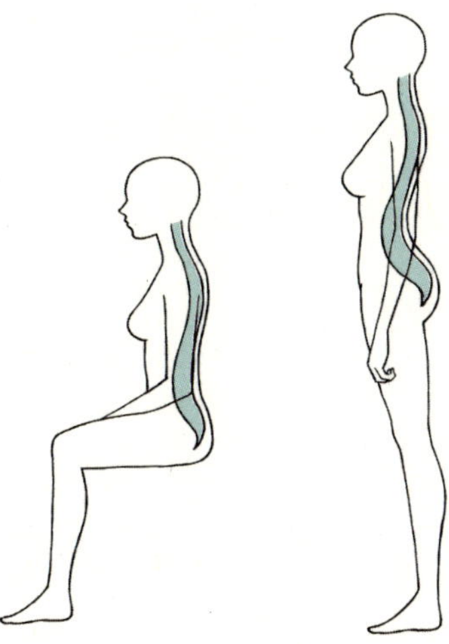

허리를 최대한 바르게 세우고 목은 허리와 일직선이 될 수 있도록 곧게 편다.

• 잘못된 자세

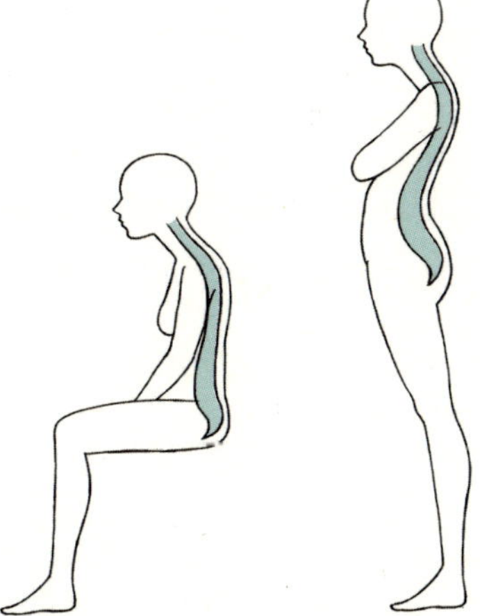

목소리에 가장 악영향을 주는 자세는 턱을 앞으로 내미는 거북목 자세다.

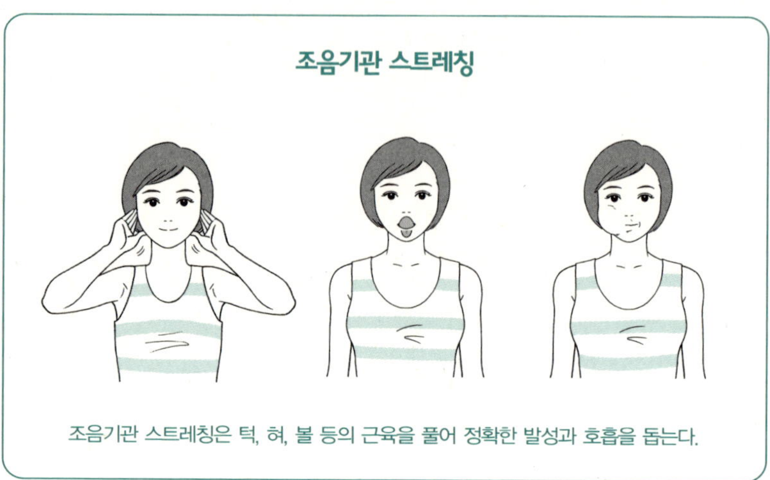

조음기관 스트레칭은 턱, 혀, 볼 등의 근육을 풀어 정확한 발성과 호흡을 돕는다.

든다. 이런 이유로 목소리 훈련에 앞서 준비 운동으로 조음기관을 스트레칭 하는 것이 중요하다. 조음기관은 말소리 산출에 관련된 여러 가지 구조로 대표적으로 혀, 치아, 입술, 볼, 턱, 연구개, 경구개 등이 있다.

조음기관이 충분히 이완되면 목소리 발성에 있어 인위적인 힘이 들어가지 않고 편안한 발성이 가능하다. 불필요한 힘을 빼기 위해 목과 어깨의 긴장을 최대한 풀어주고 이어 반드시 얼굴, 혀, 입술, 턱, 볼까지 풀어주어야 한다. 이러한 조음기관 스트레칭은 호흡, 발성 외에도 정확한 발음을 구사하는 데에도 도움을 준다.

목소리의 기초체력, 호흡

큰 목소리로 또렷하게 자신의 의견을 말하는 사람은 그 내용과 상관없이 일단 신뢰가 간다. 그에 반해 말끝을 흐리며 답하는 사람은 그 내용과 상관없이 자신의 의견에 자신이 없게 느껴진다. 정말로 자신의 의견에 자신이 없어 말끝을 흐리는 경우라면 어쩔 수 없지만 개중에는 단순히 호흡이 달려 말끝이 흐려지는 경우도 있다.

문제는 듣는 사람이 이를 구분할 수 없다는 것이다. 그리고는 말끝을 흐린다는 것만으로 이 사람이 자신의 의견에 자신이 없는 소심한 사람이라고 느끼게 된다.

목소리는 호흡의 양이 많으면 울림과 기본 발성의 크기가 커진다. 반대로 호흡의 양이 적으면 성대를 제대로 진동시키지 못해 기본 발성의 크기가 작아진다.

성인 대부분이 사용하는 흉식 호흡은 숨을 들이마실 수 있는 호흡의 양이 많지 않다. 따라서 짧은 호흡으로 금방 숨이 차며, 호흡 불안으로 목소리가 떨리고 말이 빨라지는 현상이 생긴다. 또한 주로 가슴과 목 주변의 근육을 사용하는 흉식 호흡은 성대를 긴장시켜 통증을 유발할 수 있다.

그에 반해 복식 호흡은 배로 숨을 들이마시기 때문에 흉식 호흡에 비해 약 30% 이상 많은 양의 호흡을 한 번에 들이마실 수 있다. 풍부한 호흡양은 울림과 기본 발성을 키워 목소리를 자유자재로 활용할 수 있다.

복식 호흡은 아랫배에 공기를 채운다는 생각으로 코와 입을 통해 숨을 천천히 들이마셨다가 그 상태로 숨을 정지한 후 다시 숨을 천천히 내쉰다. 이렇듯 복식 호흡은 숨을 천천히 긴 시간에 걸쳐 나누어 뱉어 호흡의 양을 길어지게 해 말을 편안하고 안정감 있게 하도록 만들어준다. 숨을 들이마실 때 어깨가 위로 올라가거나 가슴이 앞으로 나오지 않도록 주의하며 숨을 내쉴 때는 의식적으로 배가 쏙 들어가도록 숨을 내뱉는다.

복식 호흡을 이제 막 시작했다면 말을 하면서 복식 호흡까지 동시에 신경 쓰는 것은 무리가 있을 수 있다. 말할 때 자연스럽게 복식 호흡을 하기 위해서 평소 생활에서도 호흡을 복식으로 할 것을 추천한다. 복식 호흡으로 생활하면 긴 호흡과 복부의 힘이 커져 성량이 풍부해지는 것은 물론 체내 산소량이 많아져 건강에도 좋다. 또한 긴장했을 때 자신도 모르게 성대 근육이 떨리거나, 숨이 가빠지는 등의 증세도 완화시킬 수 있다.

흉식 호흡 vs. 복식 호흡

• 흉식 호흡(가슴으로 숨을 들이마시는 호흡)

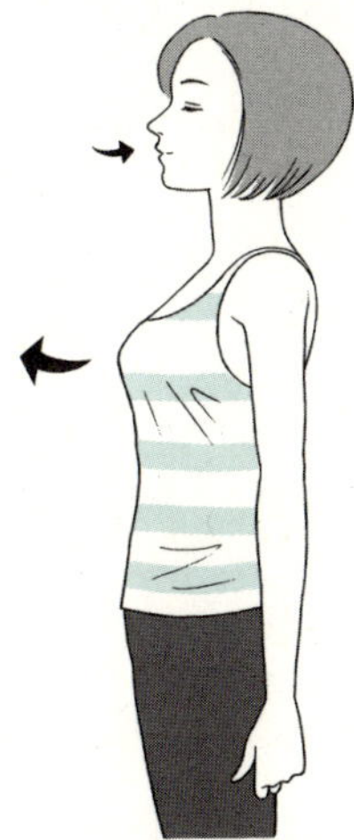

들이마시는 호흡의 양이 적다.
금방 숨이 찬다.
호흡 불안으로 목소리가 떨린다.
말이 빨라진다.
목이 따끔거리고 아프다.

• 복식 호흡(배로 숨을 들이마시는 호흡)

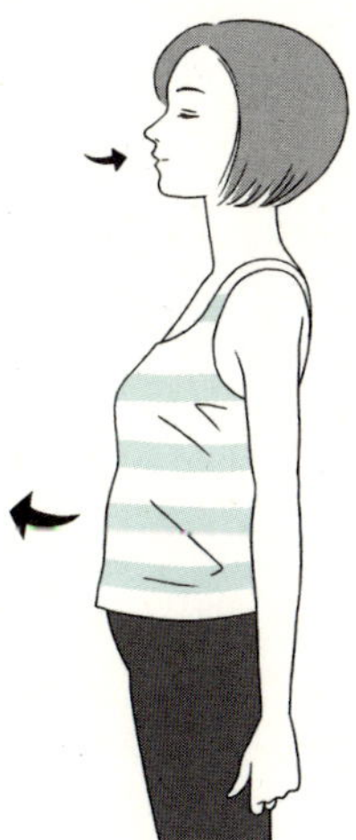

들이마시는 호흡의 양이 많다.
호흡이 안정적으로 유지된다.
목소리 떨림을 완화시켜준다.
말을 편안하게 할 수 있다.
소리의 울림이 커진다.

공기 반, 소리 반

노래를 부를 때 공기와 소리를 적절히 섞는 창법처럼 목소리에도 공기, 즉 호흡을 적절하게 넣어주면 한결 더 매력적인 소리를 만들 수 있다. 예를 들어 목욕탕이나 샤워부스에서 말을 하면, 평소 내가 내던 목소리보다 울림이 더 크게 느껴진다. 또는 종이를 동그랗게 말아서 소리를 내보면 소리가 훨씬 더 크게 잘 들리기도 한다.

이처럼 소리는 어느 정도 공기가 진동할 수 있는 공간이 확보되면 큰 울림을 만들어낸다. 따라서 자신의 목소리가 작고 답답하다 느껴질 때는 입을 조금만 더 크게 벌리고 또박또박 말해도 소리가 훨씬 더 커지고 풍부해지는 것을 느낄 수 있다.

또한 윗입술과 아랫입술 그리고 이와 이 사이로 공기가 빠져나가면서 소리가 발생하는 자음을 발음할 때 말에 호흡을 얹는다는 느낌으로 발음하면 소리와 공기가 적절히 섞여 소리가 조금 더 매력적으로 들리게 된다.

소리를 크게 내면
왜 목이 아플까

월드컵이 열리면 온 국민이 허스키 보이스가 된다. 경기에 몰입하여 큰 소리로 응원을 한 결과다. 소리를 크게 낸다고 하면 많은 사람들이 목에 힘을 주어 소리를 낸다. 그러나 목 주변의 조직은 매우 연약한 조직으로 되어 있다. 조금만 힘을 주어 말해도 충혈되고, 따끔거리는 등 쉽게 상한다. 목은 소리가 지나는 통로라고만 생각해야 한다. 진짜로 목소리의 크기를 키우려면 목이 아닌 배에 힘을 주어야 한다.

목소리 발성은 크게 복부 발성과 공명 발성으로 나눌 수 있다. 그중 복부 발성은 복식 호흡을 바탕으로 배 속에서 만들어진 소리를 발성하는 것으로 주로 소리의 크기와 힘을 좌우한다. 어디서나 당당해 보이는 크고 힘찬 목소리를 원한다면 복부 발성을 훈련해야 한다.

복부 발성

　복부 발성은 목에 힘을 주지 않고 복부의 힘과 호흡을 이용하여 소리를 끌어올리는 발성법이다.

　편안한 자세를 취한 뒤, 배의 움직임을 의식할 수 있도록 손을 아랫배에 갖다 둔다. 복식 호흡으로 숨을 천천히 들이마시어 아랫배에 공기를 채운다. 그 상태로 잠시 정지한 뒤 배를 안쪽으로 쑥 집어넣으면서 '아~~' 발성한다. 이때 복부에 있는 소리를 얼굴 위까지 끌어올린다는 느낌으로 발성한다. 목에 힘을 주어서는 절대 안 되며 오로지 배의 수축만으로 편안하게 소리를 뱉도록 한다.

좋은 목소리는 복근에서 나온다

　언제나 안정적이고 좋은 목소리를 내기 위해서는 평소 복식 호흡을 하고 이를 토대로 힘 있는 복부 발성이 생활화되어야 한다. 이렇게 힘 있는 복부 발성을 하는 데 도움이 되는 것이 복근이다.

　복근이 탄탄하면 발성이 힘 있게 나온다. 복근을 단련하는 방법에는 우리가 흔히 알고 있는 윗몸일으키기가 있다. 실제로 윗몸일으키기를 할 때 배에 힘을 주며 내뱉은 기합이 복부 발성이다. 윗몸일으키기가 힘들다면 배를 주먹이나 손바닥으로 가볍게 치며 배를 등 쪽으로 수축시키며 발성하는 방법이나 지그시 누르며 발성하는 방법도 있다.

　어떤 방법이건 목에 힘을 주지 않고 복부에 힘을 주어 소리를 만들고 얼굴 위까지 끌어올린다는 느낌으로 소리를 내도록 한다.

복부 발성

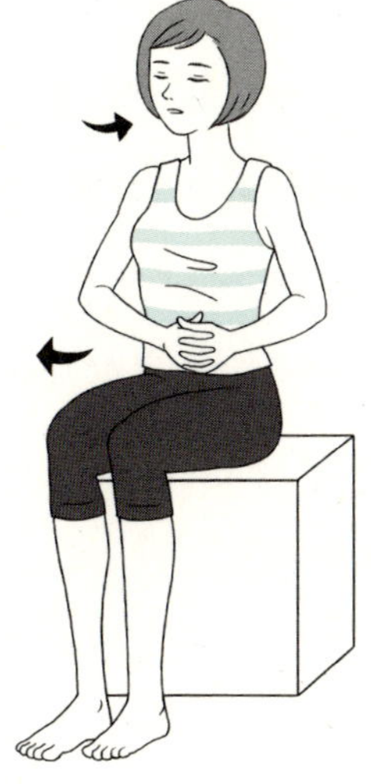

복식 호흡으로 배가 나오게 숨을 들
이마신다. 이 상태로 잠시 멈춘다.

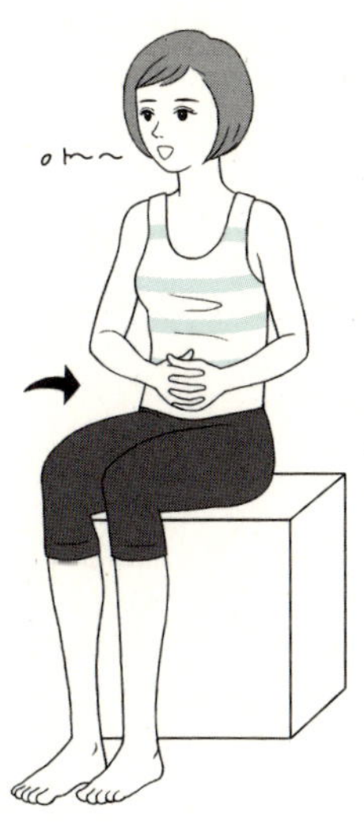

배를 안으로 밀어 넣으며 힘껏 발성
한다.

호흡과 발성이 좋아지는 립트릴 운동

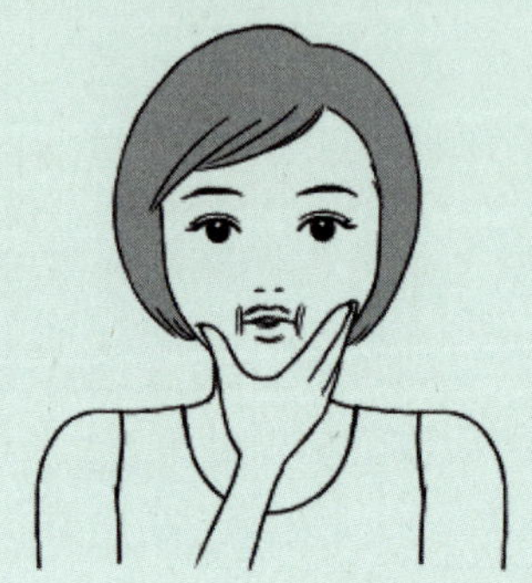

손가락을 양 볼에 대고 입술 끝이 살짝 올라 갈 만큼 볼을 누른다. 그리고 "부르르르~~" 소리를 내며 입술을 턴다.

립트릴 운동은 발성을 할 때 소리가 끊기지 않도록 도움을 주며 목에 무리가 가지 않도록 소리 길을 열어준다.

다시 듣고 싶은 매력적인 목소리

복부 발성으로 만들어진 목소리에 매력적인 채색을 더하려면 공명기관의 울림이 반드시 필요하다. 이병헌, 한석규, 김수현, 이영애, 수애 등 매력적인 목소리로 유명한 사람들의 공통점이 바로 목소리에 울림을 가지고 있다는 것이다.

이런 울림을 공명이라고 하는데 영문으로 'Resound', 즉 소리를 재진폭시키는 역할을 하는 것으로 우리 눈에 보이지는 않지만 얼굴 공간의 진동을 활용하여 소리를 만들어내는 것이다. 이렇게 만들어진 소리를 공명 발성이라고 한다.

공명 발성을 이용하면 일반적인 목소리와 달리 깊고 울림 있는 독특한 음색이 만들어진다. 공명 발성이 이뤄지는 공명기관은 크게 비강, 구강, 인두강으로 구분할 수 있으며, 이 3개의 공간에서 고음, 중음, 저음의 하모닉스가 이루어져 매력적인 목소리가 만들어진다.

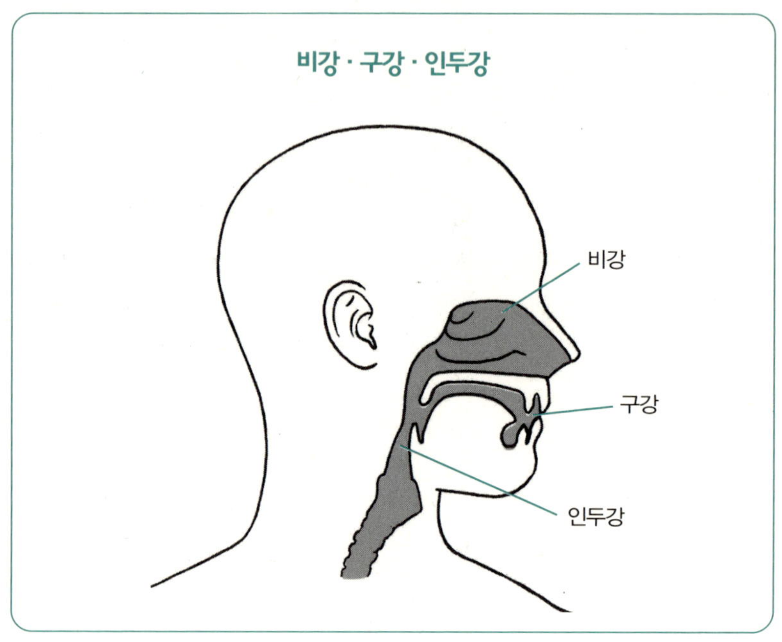

얼굴 공명 발성

얼굴 공명 발성은 소리를 밖으로 내뱉기 전에 코, 입, 목에서 울림을 만들도록 하는 발성법이다. 가장 일반적인 공명 발성으로 지금 우리가 의식하지 않고 있더라도 얼굴 공명을 통해 목소리를 만들고 있다.

얼굴 공명은 비강, 구강, 인두강에서 울림을 만들어내며 이는 각각 고음, 중음, 저음에 필요한 공명을 한다. 그리고 이 세 곳의 울림이 조화를 이뤄 각 개인만의 매력적인 음색을 만든다.

보통은 안면부를 이용해 공명을 하지만 목소리 훈련을 통해 뒤통수 쪽인 후면부를 울리는 공명 발성을 할 수도 있다. 이때의 울림은 일반적인 얼굴 공명과 다른 울림으로 청자는 독특하고 매력적인 음색을 느낀다.

얼굴 공명 발성은 몸의 긴장을 풀고 어깨를 내려뜨려 편안한 자세에서 만든다. 혀가 입천장에 닿지 않도록 입 안에 공간을 만든 상태에서 입술을 살짝 다문다. 그리고 '음~~' 소리를 낸다. 이때 코와 입 주변에 진동이 느껴지는지 확인한다. 진동이 느껴졌다면 제대로 공명 발성을 한 것이다.

또 후면부 발성은 '음~~' 소리를 내 공명 발성을 하다가 소리를 뒤로 보내 귀 뒤쪽으로 소리가 빠져나간다고 이미지트레이닝을 하며 발성한다.

코곁굴 발성

TV 예능 프로그램을 보면 성대모사의 달인들이 다양한 인물의 목소리를 따라하는 것을 볼 수 있다. 이렇게 한 사람이 여러 사람의 목소리를 흉내낼 수 있는 것은 코곁굴 발성을 사용하기 때문이다. 코곁굴 발성은 얼굴 뼈 속에 있는 빈 공간을 진동시켜 소리를 만드는 것이다. 이 발성법을 익히면 매우 다양한 음색을 자유자재로 만들 수 있다.

코곁굴은 코에 인접해 있는 굴처럼 생긴 뼈 속 빈 공간으로 평소 공기로 가득 차 있다. 전문용어로 부비강이라고 하여 코곁굴 발성은 부비강 발성이라고도 한다. 우리 얼굴에는 이마, 콧등, 코 양쪽 등 총 4개의 코곁굴이 있으며 각 위치에 따라 이마굴, 벌집굴, 나비

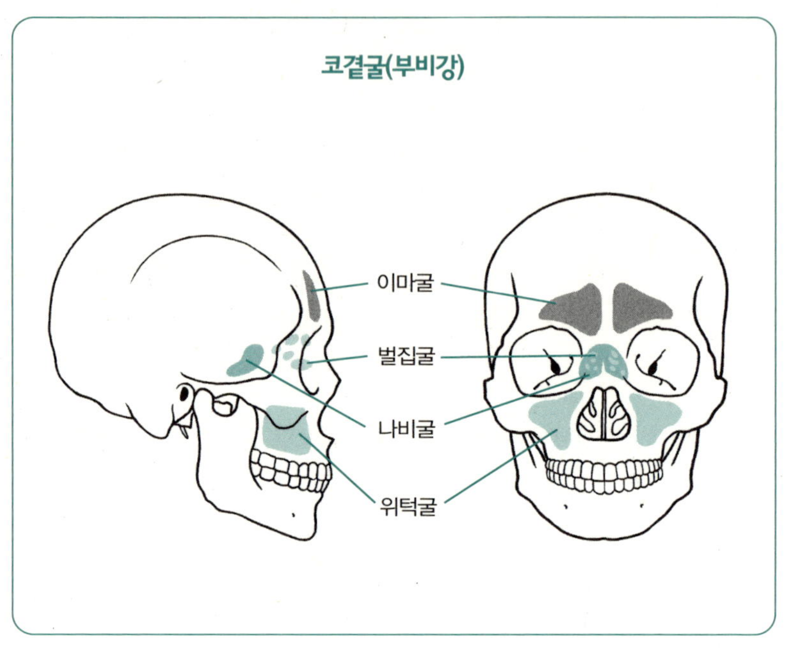

굴, 위턱굴이라고 부른다.

일반적으로 알려진 공명 발성인 얼굴 공명 발성이 입, 코, 인두를 지나가는 공기를 진동시켜 소리를 발생하는 것에 반해 코곁굴 발성은 뼈 속 텅 빈 공간을 울려 독특한 음색을 만들어낸다.

코곁굴 발성은 보통 훈련을 통해서만 발달할 수 있다. 편안하게 어깨를 내려뜨리고 입을 다물고 '음~~' 얼굴 공명 발성을 한다. 그리고 '밈~~' 하고 코로 공기가 빠져나오는 것을 느끼며 발성한다. 이때 코곁굴의 위치를 떠올리며 그 부분을 울린다는 생각으로 훈련하는 것이 좋다.

하모닉스 발성

EBS의 〈원더풀사이언스〉라는 프로그램에서 목소리가 각기 다른 5명의 지원자에게 같은 원고를 읽게 했다. 그리고 40여 명의 대학생에게 1번부터 5번까지 목소리를 들려주고 '호감도', '정감도', '상냥함' 항목이 적혀 있는 질문지에 체크하도록 하였다. 그 결과 한 지원자에게 표가 편중되었다. 최다 득표자의 목소리는 음역을 넓게 사용한다는 특징이 있었다.

고음, 중음, 저음 이 3가지 중 하나의 음으로만 말하게 되면 듣는 사람은 단조로움과 청각적 피로를 느끼게 된다. 반대로 넓고 다양한 음역의 소리로 말하게 되면 악기의 화음처럼 다양한 음색을 느낄 수 있어 마치 음악을 듣듯 목소리가 매력적으로 들린다. 실제 목소리가 좋은 유명인들 역시 특정 음에 치우지지 않고 목소리의 음역이 고음, 중음, 저음이 복합적으로 얽혀 있다. 이렇게 음역을 넘나들며 목소리를 내는 것을 하모닉스 발성이라고 한다.

하모닉스 발성은 목소리가 나오는 공간인 비강, 구강, 인두강을 각각 윗목, 중간 목, 아랫목으로 나눈다. 그리고 각 영역의 고유 음역대인 고음, 중음, 저음을 공명 발성시킨다. 대부분의 사람들이 주로 사용하는 음역대만을 사용하기 때문에 처음에 그 외의 음역대로 발성을 하려고 하면 소리가 잘 나지 않는다. 그러나 이 역시 꾸준히 훈련하면 나아질 수 있다.

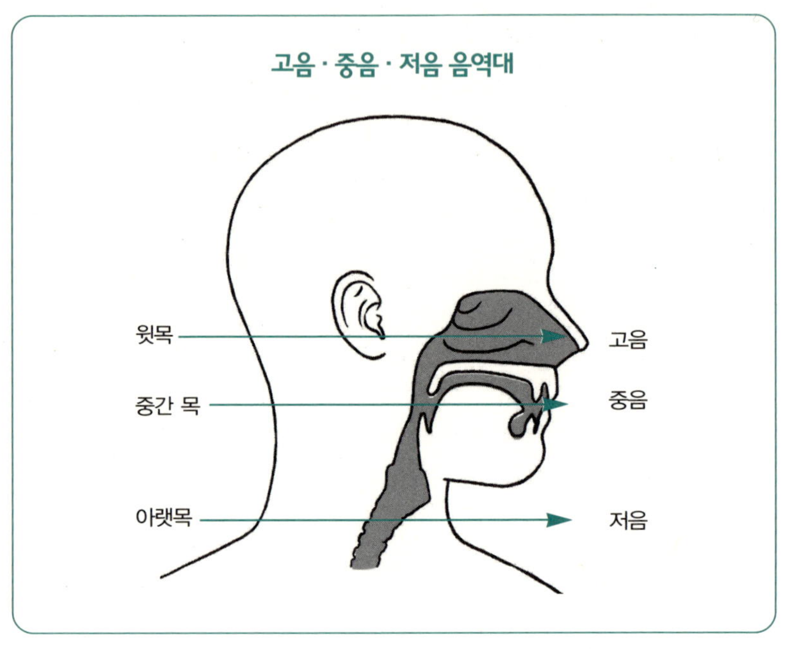

• 고음

명랑하고 경쾌한 느낌을 주는 고음을 갖고 싶다면 비강 공명을 집중적으로 훈련해야 한다. 비강 공명은 윗목에 해당하며 가장 가까운 발성 기관은 코다.

고음을 낼 때 코 안에서 느껴지는 울림을 섬세하게 느껴야 한다. 배에서 만들어진 소리를 머리 위로 끌어올리는 느낌으로 '음~~' 하고 허밍음을 내도록 한다.

• 중음

듣기 편안한 중음은 구강 공명을 통해 만들어진다. 구강 공명은 중간 목에 해당한다. 중음을 낼 때는 인중과 구강 사이에 소리가 모아진다는 느낌으로 훈련해야 한다.

구강 공명은 '으~~' 하고 구강에 있는 진동을 밖으로 내보낸다는 느낌으로 허밍음을 내는 것과 '아~~' 하고 입 공간을 타원형으로 만들고 손가락을 그 안에 집어넣고 진동을 느끼는 방법 두 가지가 있다.

• 저음

목소리 흉내를 낼 때 굵은 목소리를 따라 하려고 하면 자연스럽게 아래턱을 내리게 된다. 이렇게 턱을 살짝 밑으로 내리는 느낌으로 발성하면 무게감 있는 저음을 만들 수 있다. 다만 턱을 내리는 것을 너무 의식하면 목에 힘이 들어가 성대를 긴장시켜 따끔거리는 통증이 발생한다.

그러니 턱 끝을 살짝 내리되 목에 힘을 빼고 복부 발성으로 배를 안쪽으로 당기며 소리를 끌어올려 '음~~' 하고 발성하도록 한다.

헬륨 가스를 마시면 왜 목소리가 바뀔까

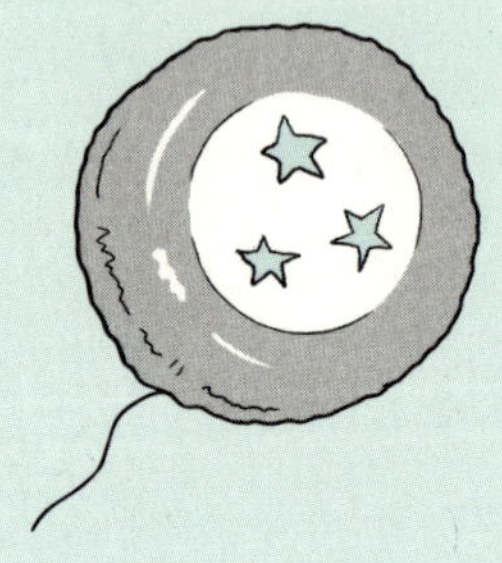

목소리는 호흡이 성대를 진동시킨 울림에 의해 발성이 만들어지고 공명기관을 거치며 소리에 음색이 덧칠해져 만들어진다.

이때 발생하는 소리의 진동수는 목소리의 높낮이를 결정한다. 진동이 잦을수록 고음이, 진동이 느릴수록 저음이 되는 것이다.

헬륨 가스는 평소 우리가 호흡하는 공기보다 가볍다. 그래서 헬륨 가스를 마시면 입안의 공기 밀도가 평소보다 낮게 된다. 입안 공기의 밀도가 낮아지면 우리 눈에는 보이지 않지만 공간이 헐렁해진 셈이 된다. 이렇게 되면 소리가 많은 진동을 하며 넉넉한 공간을 평소보다 빠르게 지나갈 수 있다. 그 결과 마치 테이프를 빨리 돌릴 때 나는 소리처럼 고음의 소리가 난다. 그리고 이런 현상은 체내에 헬륨이 모두 사라져 원래 공기의 밀도가 될 때까지 지속된다.

헬륨은 공기보다 밀도가 가볍기 때문에 고음의 소리가 난다면 밀도가 낮은 공기를 마시면 목소리가 굵은 저음으로 날까? 맞다. 헬륨처럼 쉽게 구하지는 못해도 밀도가 낮은 크립톤과 같은 기체를 마시면 낮은 소리가 난다.

아나운서처럼
명료한 발음을 갖자

호랑이나 곰 등 맹수가 포효하는 모습을 본 적 있을 것이다. 수십 킬로미터 밖에서도 들을 수 있는 크고 우렁찬 소리, 긴 호흡은 앞으로 우리가 훈련할 호흡과 발성의 좋은 예다. 하지만 인간은 이들처럼 소리를 지르는 것만으로 의사소통을 할 수 없다. 우리가 좋은 목소리라고 말하는 것에는 크고 우렁찬 목소리에 명확한 발음을 구사하는 말소리가 포함되어 있다.

실제로 말할 때 웅얼거리거나 혀 짧은 소리를 하는 등 부정확한 발음으로 많은 사람들이 고민한다. 발음이 부정확한 이유는 크게 두 가지인데 자음이라면 조음점의 위치, 모음이라면 입 모양에 있다.

정확한 자음 발음을 만들이내기 위해서는 혀가 이쪽저쪽에 있는 조음점을 찾아다니며 빠르게 움직여야 한다. 또 정확한 입 모양과 혀 위치를 알고 이에 맞춰 모음을 만들어주어야 한다.

조음점을 정확히 알자, 자음

정확한 발음을 위한 첫 걸음은 해당 조음점이 어디에 있는지 정확히 아는 것이다.

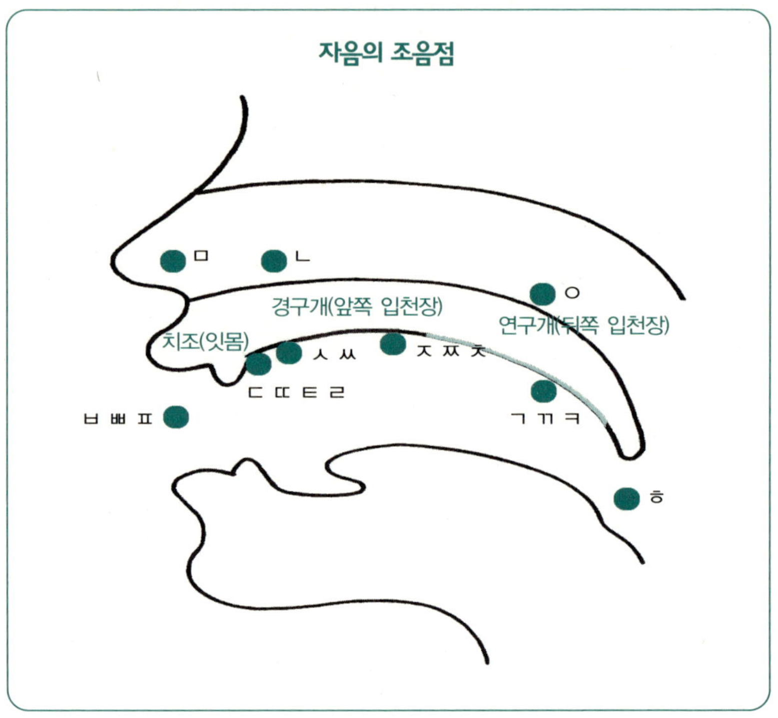

자음은 닿소리라고도 하는데 소리가 목, 입, 혀 등이 닿아 방해를 받으며 만들어지기 때문에 붙어진 이름이다. 조음 위치에 따라 양순음 'ㅂ, ㅃ, ㅍ, ㅁ', 치조음 'ㄷ, ㄸ, ㅌ, ㅅ, ㅆ, ㄴ, ㄹ', 경구개음 'ㅈ, ㅉ, ㅊ', 연구개음 'ㄱ, ㄲ, ㅋ, ㅇ', 성문음 'ㅎ'으로 나뉜다.

• 구강

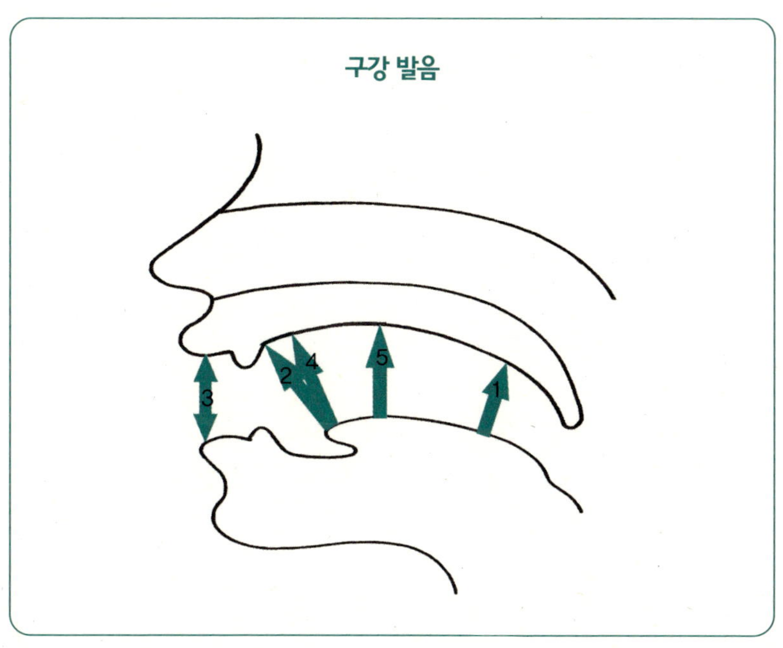

구강에서는 'ㄱ, ㄷ, ㄹ, ㅂ, ㅅ, ㅈ'의 조음점이 있다. 이들은 예사소리라고 하며 예사소리에서 목에 힘을 주어 발음하면 된소리인 'ㄲ, ㄸ, ㅃ, ㅆ, ㅉ'이, 'ㅎ' 음가를 덧붙여 발음하는 거센소리인 'ㅋ, ㅌ, ㅍ, ㅊ'이 발음된다.

'ㄱ, ㄲ, ㅋ'은 혀가 연구개에 부딪치며 (1)에서 나는 소리,

'ㄷ, ㄸ, ㅌ, ㄹ'은 혀가 치조에 부딪치며 (2)에서 나는 소리,

'ㅂ, ㅃ, ㅍ'은 두 입술이 부딪치며 (3)에서 나는 소리,

'ㅅ, ㅆ'은 혀가 치조('ㄷ' 위치보다 조금 뒤)에 거의 붙이다시피 마

찰한 상태에서 바람이 빠져나가면서 (4)에서 나는 소리,

'ㅈ, ㅉ, ㅊ'은 혀가 경구개('ㅅ' 위치보다 뒤)의 중간쯤에 부딪치며

(5)에서 나는 소리다.

• 비강 · 목구멍

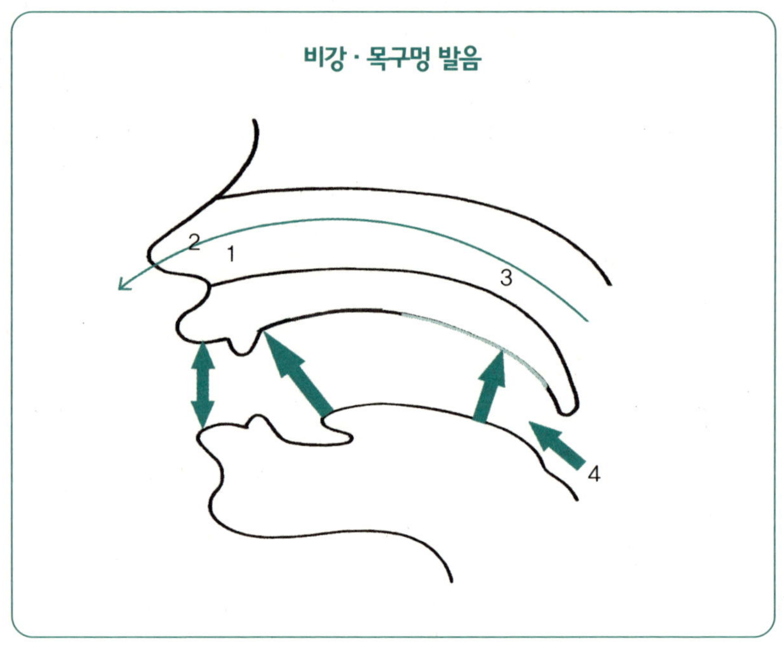

'ㄴ'은 치조 위쪽 코 중심부인 (1)에서 나는 소리,

'ㅁ'은 인중 위쪽 콧등인 (2)에서 나는 소리,

'ㅇ'은 연구개 위쪽 인두강부인 (3)에서 나는 소리,

'ㅎ'은 목구멍인 (4)에서 나는 소리다.

모든 자음은 자신의 조음점이 한 곳이지만 'ㅎ'의 기본 소리 위치는 목구멍 외에 어떤 모음과 함께 하느냐에 따라 소리가 나는 위치가 달라진다. 모음 'ㅏ'와 결합하면 목구멍에서, 모음 'ㅗ'와 결합하면 입술에서, 모음 'ㅡ'와 결합하면 입 가운데에서 소리가 난다.

왜 'ㅅ' 발음이 'th' 발음으로 날까

다음을 발음해보자.

사사사 샤샤샤 서서서 셔셔셔 소소소 쇼쇼쇼 수수수
슈슈슈 스스스 시시시 서서서 쇠쇠쇠 쇄쇄쇄 쉬쉬쉬
샤셔서 샤쇼수 서쇠쇄 소셔소 사스시 사서쇄 쇠스시

보기에 어려워 보이지만 마음먹고 천천히 발음해보면 대부분의 사람들이 바르게 발음할 수 있다. 그러나 일부 사람들은 'ㅅ' 발음을 'th' 발음으로 한다. 이런 사람들은 어릴 때 잘못된 발음 습관을 제대로 교정하지 못한 경우다.

'ㅅ'의 조음점은 윗니와 잇몸의 경계인 치조다. 그런데 잘못된 습관으로 혀가 아랫니 위쪽을 덮거나 또는 혀가 이와 이 사이로 나오면 'th' 발음이 나게 된다.

'ㅅ' 발음은 치조음으로 윗니와 인접한 윗몸부위인 치조와 마찰하면서 입술과 혀에 힘을 최대한 빼고 소리의 날을 세운다는 느낌으로 발음하는 것이 좋다.

정확한 발음은 정확한 조음점을 익히는 것에서 시작한다. 'th' 발음으로 고생하는 사람들은 평소 강아지를 부를 때나 혀를 찰 때처럼 '쯧쯧쯧' 하고 혀를 치조에 반복해서 마찰하는 훈련을 해보도록 하자.

발음을 좌우하는 근육, 설소대

조음점을 제대로 알고 있어도 특정 발음을 명확하게 하지 못하는 경우가 있는데 이런 경우 대부분은 혀의 움직임을 돕는 설소대가 유연하지 못해서다.

설소대는 근육이기 때문에 스트레칭으로 풀어주고 바르게 발달

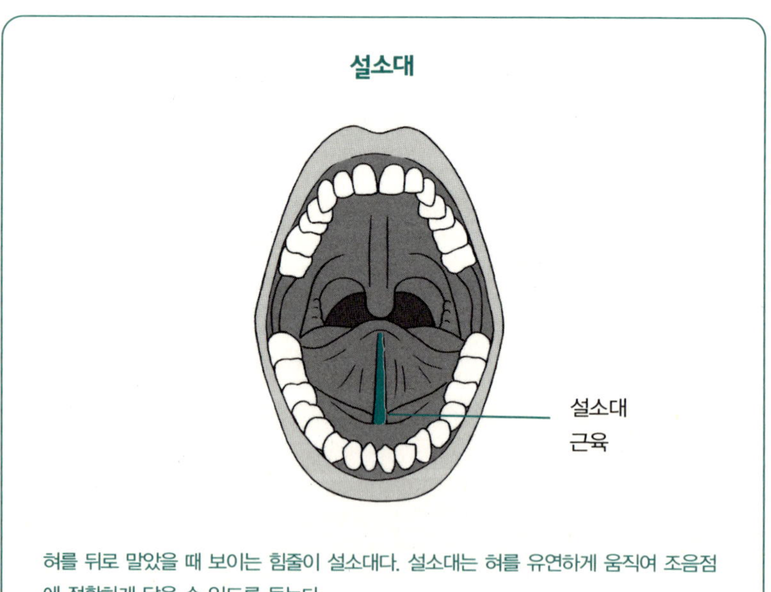

혀를 뒤로 말았을 때 보이는 힘줄이 설소대다. 설소대는 혀를 유연하게 움직여 조음점에 정확하게 닿을 수 있도록 돕는다.

할 수 있도록 해야 한다. 그러므로 잘못된 발음 습관으로 정확한 조음점 방향으로 발달하지 못한 근육은 꾸준한 연습으로 교정하는 것이 최선이다.

간혹 근육의 상태에 따라 정도가 심할 경우 수술을 하기도 하는데 수술을 한다고 해도 오랜 시간 잘못된 발음 습관으로 굳어진 근육이 단번에 고쳐지지 않는다. 따라서 수술을 하더라도 꾸준한 조음기관 스트레칭과 발음 교정 훈련을 해야 한다.

입 모양을 제대로 알자, 모음

모든 발음은 혀의 위치에 따라 달라지는데 모음은 거기에 입 모양이 더해진다. 모음을 발음할 때 혀는 앞쪽에서 뒤쪽으로 움직이며 입 모양으로 입안의 공간을 조정한다. 입 모양에 따라 달라지는 것이 모음이므로 모음 발음 훈련할 때는 반드시 거울을 보며 하도록 한다.

모음은 단모음과 이중모음으로 구성되어 있다. 단모음은 발음할 때 입 모양과 혀의 위치가 변화하지 않는 것이며 이중모음은 변화하는 것을 의미한다.

모음 발음 연습을 할 때는 단모음, 그중에서도 '이, 아, 우' 3개의 모음을 기준으로 설명한다. 이 3개의 모음을 역삼각형으로 놓고 혀의 위치와 입 모양에 따라 모음이 변화한다.

• 단모음

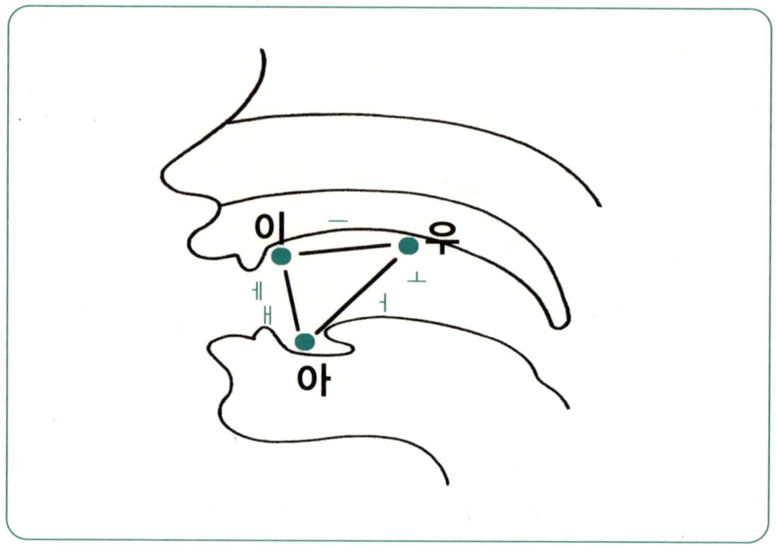

입술을 가로로 최대한 당기며 혀가 윗니 뒤쪽에 위치하면 '이' 소리가 난다.

[이 → 아]

① '이' 에서 앞 혀를 밑으로 조금 내리면 '에',

② '에' 에서 앞 혀를 밑으로 조금 더 내리면 '애',

③ '애' 에서 앞 혀를 밑바닥으로 내리면 '아' 가 된다.

이때 입 모양은 점점 가로에서 세로로 변화하며 커진다.

[아 → 우]

④ '아' 에서 입 모양을 조금 작게 오므리면 '어',

⑤ '어' 에서 입 모양을 조금 더 작게 오므리면 '오',

⑥ '오'에서 입 모양을 앞으로 더 내밀면 '우'가 된다.

이때 뒤 혀는 점점 아래에서 위로 올라간다.

[우 → 이]

⑦ '우'에서 입 모양을 가로로 벌리면 '으',

⑧ '으'에서 입 모양을 가로로 더 벌리면 '이'가 된다.

이때 혀는 점점 뒤쪽에서 앞쪽으로 이동한다.

'ㅟ'와 'ㅚ'는 단모음이지만 이중모음으로 분류되기도 한다. 'ㅟ'는 'ㅣ'와 'ㅜ'가 합쳐진 모음으로 'ㅣ' 발음을 할 때 억지로 입 모양을 동그랗게 만들면 된다. 이때 주의할 점은 'ㅚ'는 'ㅗ'와 'ㅣ'가 합쳐진 모음이지만, 'ㅟ'와 같이 'ㅗ' 발음을 할 때 억지로 입 모양을 가로로 만들면 'ㅚ'가 아닌 'ㅞ'로 발음될 수 있다. 따라서 'ㅔ' 입 모양에서 입술을 강제로 동그랗게 만들어야 'ㅚ' 발음이 된다.

● 이중모음

[야, 여, 요, 유]

입 모양이 '이'에서 시작하여 '아, 어, 오, 우'로 바뀌며 나는 중간 소리다. 이때 혀는 점점 아래에서 위로 올라간다.

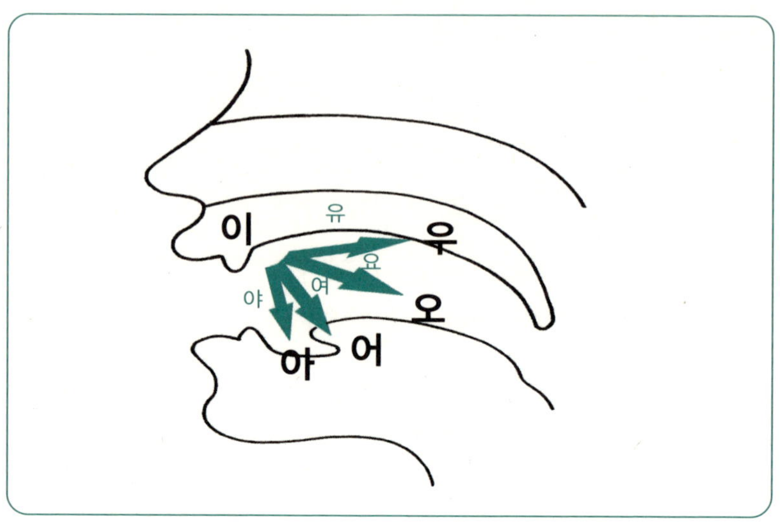

[예, 애]

입 모양이 '이'에서 시작하여 '에, 애'로 바뀌며 나는 중간 소리다.

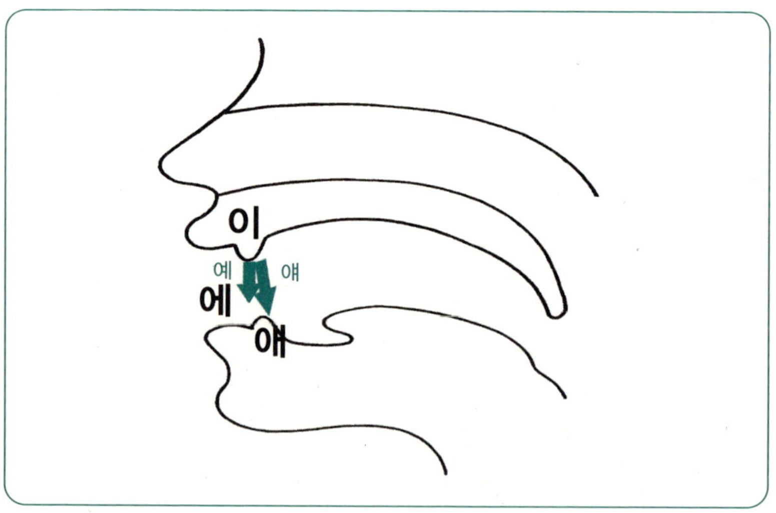

[와, 왜]

입 모양이 '오' 에서 시작하여 '아, 애' 로 바뀌며 나는 중간 소리다.

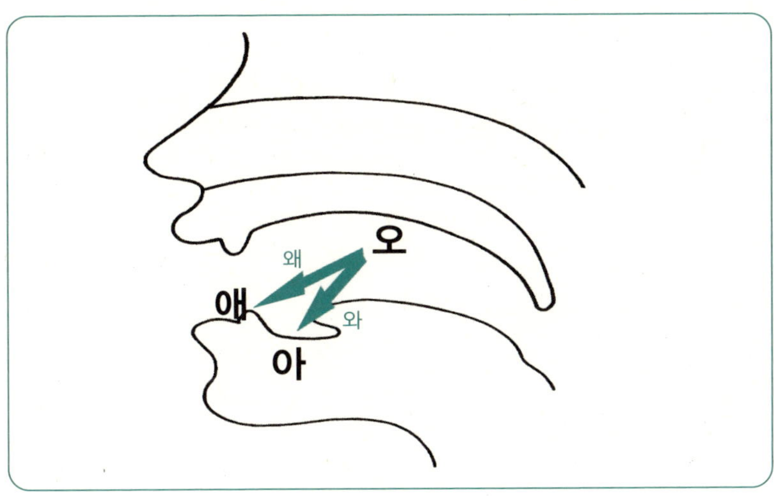

[워, 웨]

입 모양이 '우' 에서 시작하여 '어, 에' 로 바뀌며 나는 중간 소리다.

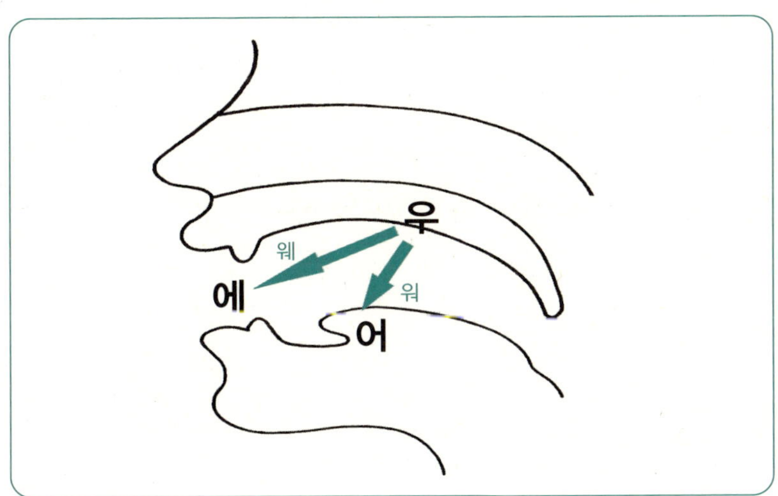

[의]

입 모양이 '으'에서 시작하여 '이'로 바뀐다. 이때 혀는 앞으로
이동한다.

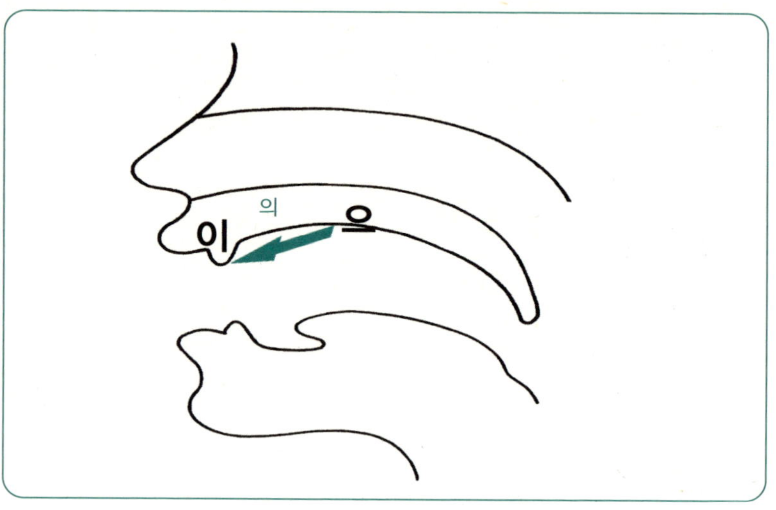

입 모양과 발성의 관계

성악가들이 노래를 부르는 것을 유심히 살펴보자. 최대한 입을 크게 벌리고 입 모양을 타원형으로 그리며 발성하는 것을 볼 수 있다. 입 모양은 발성에 큰 영향을 끼친다. 입 모양을 가로로 하면 소리가 퍼지는 느낌, 입 모양을 세로로 하면 소리가 모아지는 느낌이 난다.

발성을 할 때 소리가 답답하게 느껴지는 이유 중 하나는 발음을 만들면서 자음이 발성의 소리 길을 막기 때문이다. 예를 들어 우리가 '아, 에, 이, 오, 우' 발성을 하면 별 막힘없이 시원하게 발성이 된다. 그러나 이 모음에 자음 받침을 추가해 '악', '엑', '잇', '옷', '웃' 하고 발음하면 소리가 막히는 느낌이 난다. 혀가 자음을 발음하기 위해 입천장의 조음점으로 이동하며 발성을 막기 때문이다.

하지만 모든 발음은 모음과 자음으로 이루어져 있고 모음만 따로 떼어 발음할 수 없기 때문에 정확한 발음과 발성을 위해서는 자음의 올바른 혀의 위치를 기억하되 기본적인 혀의 위치는 최대한 아래에 두는 것이 좋다. 실제로 혀가 중간에 뜨는 사람은 말소리가 답답하게 느껴지고 이로 인해 자연스레 목에 힘을 주고 발성하기 때문에 목의 통증이 잦다. 시원한 발성과 명료한 발음을 위해서는 입 모양을 타원형으로 유지하고 혀를 바닥에 두는 습관을 갖도록 하자.

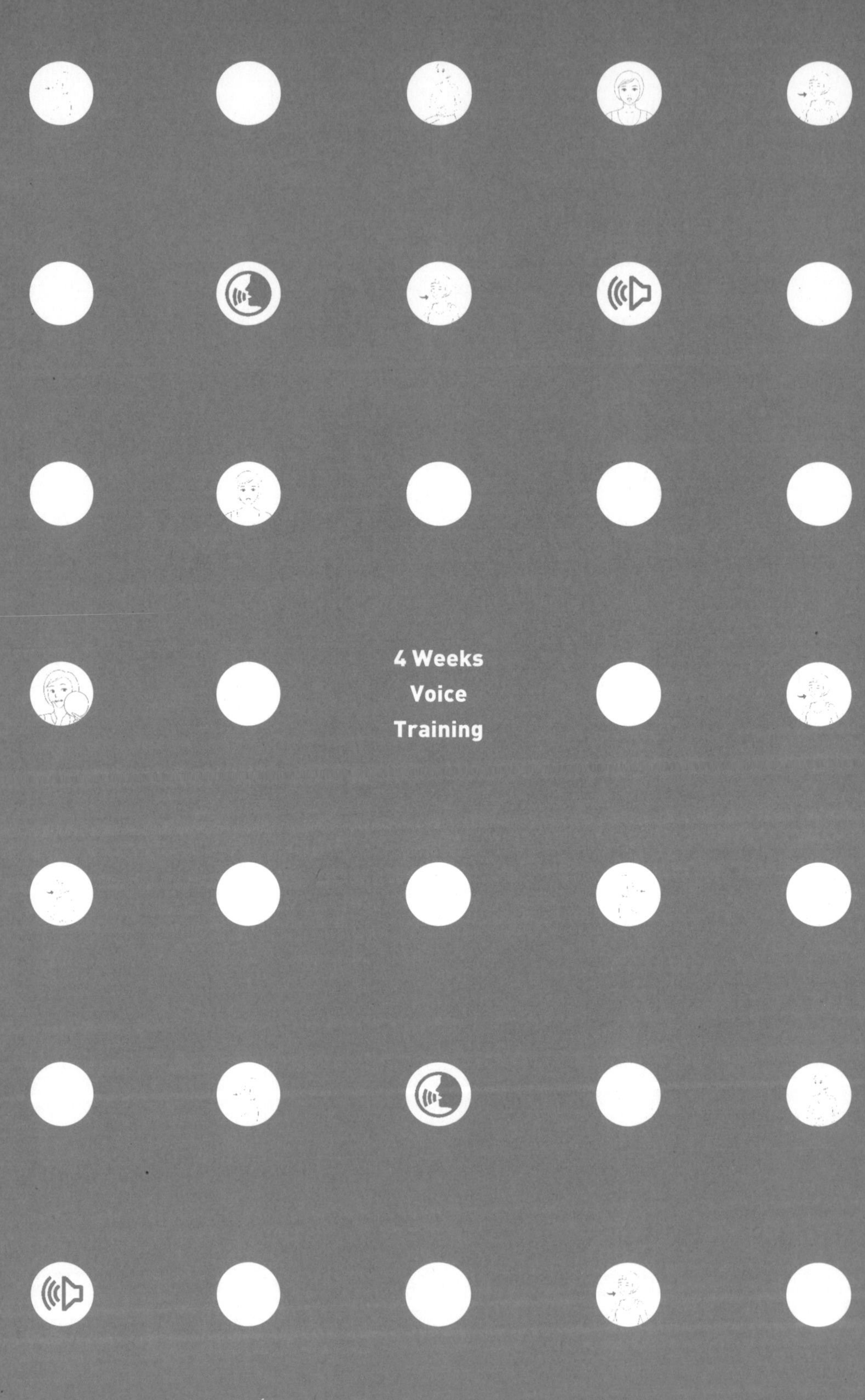

4 Weeks
Voice
Training

2

목소리 성형을 시작하자

훈련 전 일러두기

《4주로 끝내는 목소리 성형》 아이콘

🎧 자신의 목소리나 예시 목소리를 듣는다.

🎤 자신의 목소리를 녹음하며 읽는다.

🪞 발음하는 입 모양을 거울로 확인한다.

✏️ 제시된 글에 직접 펜으로 표시한다.

《4주로 끝내는 목소리 성형》 준비 운동

본격 훈련 앞에 원활한 목소리 훈련을 위한 준비 운동이 있다. 목소리 준비 운동은 갑작스런 훈련으로 부상을 대비하고 보다 원활하게 목소리 훈련을 하도록 돕기 위한 것이다. 매일매일 본격 훈련을 하기 전 반드시 각 주차별 제시되어 있는 준비 운동을 빠짐없이 따라 하도록 한다.

《4주로 끝내는 목소리 성형》 예시 목소리 듣기

《4주로 끝내는 목소리 성형》에서는 독자의 이해를 돕고 도움을 주기 위해 예시 목소리를 QR코드로 제공하고 있다. 책에 제공된 QR코드를 스캐너로 스캔하면 정확한 발음의 예시 음성 파일을 들을 수 있다. 단 QR코드 및 예시 글은 인터넷이 접속된 조건에서만 사용할 수 있다.

QR코드 스캔하는 방법

1 스마트의 앱스토어에서 'QR'로 검색한 후 원하는 스캐너 앱을 다운받도록 한다(여기에서는 QR 스캐너 앱 'EggMon'을 기준으로 설명한다).

2 다운받은 스캐너 앱을 클릭하여 활성화한다.

3 상단에서 QR코드를 클릭하여 활성화시킨 후, 화면 안에 QR코드가 모두 담기도록 한다.

4 QR코드가 스캔되면 알림음이 울리며 예시 음성 파일을 들을 수 있는 화면으로 이동한다.

《4주로 끝내는 목소리 성형》 음성 파일 다운로드

예시 음성 파일은 위드윈스피치연구소 웹사이트 www.speech119.kr을 통해 별도의 회원가입 없이 다운로드가 가능하다.

목소리 기초 체력 키우기

목소리 트레이닝에 있어서 가장 중요한 것은 스트레칭, 호흡, 발성, 발음 훈련을 꾸준히 하는 것이다. 이번 주에는 어떤 상황에서도 크고 맑은 목소리를 낼 수 있도록 목소리의 기초 체력을 튼튼하게 키우는 방법을 소개한다.

스트레칭

매일 목소리 훈련을 시작하기 전 발성기관과 조음기관을 스트레칭한다. 바른 목소리는 바른 자세에서 나온다. 목소리가 나오는 통로인 발성기관과 조음기관의 근육이 바르지 않은 상태에서 말을 하면 점점 잘못된 자세로 근육이 굳게 된다. 이런 상태는 결국 원래 좋은 목소리를 상하게 만들며 발음 또한 부정확하게 만든다. 발성기관과 조음기관 스트레칭으로 좋은 목소리, 명료한 발음을 가질 수 있다.

호흡 훈련

우리는 보통 가슴을 오르내리는 흉식 호흡을 하며 생활한다. 그러나 목소리 훈련에서 호흡은 복식 호흡을 의미한다. 복식 호흡은 배로 숨을 들이마시기 때문에 우리가 일반적으로 사용하는 흉식 호흡에 비해 약 30% 이상 많은 양의 호흡을 한 번에 들이마실 수 있다. 풍부한 호흡 양은 울림과 기본 발성을 키워 목소리를 자유자재로 활용할 수 있도록 돕는다.

발성 훈련

1st Week에서 발성 훈련은 복부 발성 훈련을 중심으로 구성되어 있다. 복

부 발성은 목소리의 크기를 결정하는 기본 발성법이다. 많은 사람들이 목소리를 크게 낼 때 목에 힘을 준다. 그렇게 되면 일시적으로 소리를 크게 낼 수 있다. 하지만 궁극적으로는 목이 충혈되어 오랫동안 제대로 된 목소리를 낼 수 없다. 목은 소리가 지나는 통로라고만 생각해야 한다. 목에 힘을 주지 않고 목소리를 키우기 위해서는 배 속에서부터 소리를 만들어 발성하는 복부 발성법을 훈련해야 한다.

발음 훈련

우리가 좋은 목소리라고 말하는 것에는 크고 우렁찬 목소리에 명확한 발음을 구사하는 말소리가 포함되어 있다. 정확한 발음을 만들어내기 위해서는 자음은 구강 내에 있는 조음점을 바르게 알아야 하고 모음은 입 모양과 혀의 위치를 정확히 알아야 한다. 발음은 3주에 걸쳐, 첫째 주에는 자음만 둘째 주에는 자음과 단모음, 셋째 주에는 이중모음에 대해 정확한 조음점과 입 모양을 훈련할 것이다.

매일매일 준비 운동

발성기관 스트레칭

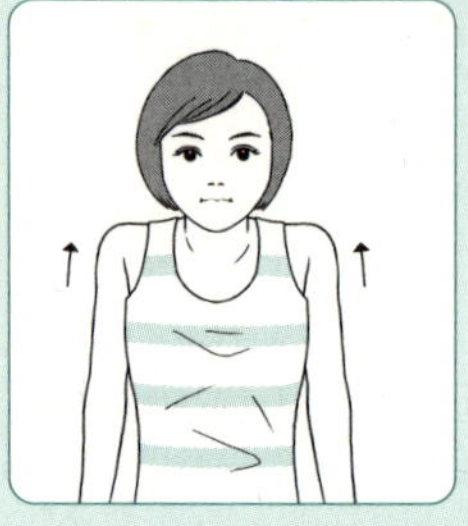

1 양쪽 어깨를 위로 최대한 올렸다가 툭하고 떨어뜨린다.

2 양손을 깍지 껴 손바닥이 하늘을 향하도록 5초간 위로 최대한 들어 올린다.

3 양손을 머리 뒤쪽에서 깍지 껴서 5초간 머리를 지그시 눌러 뒷목을 스트레칭한다.

4 양손의 엄지손가락으로 턱을 밀어 들어 올리면서 목을 최대한 뒤로 젖힌다.

5 하품을 하듯 입을 벌려 아래턱을 가볍게 내린다.

6 윗니와 아랫니를 음식을 씹듯이 부딪친다.

조음기관 스트레칭

1 양쪽 뺨을 손바닥으로 감싼 뒤 부드럽게 작은 원을 그리듯 마사지한다.

2 왼쪽 볼에 바람을 넣어 볼록하게 최대한 부풀린다. 오른쪽도 똑같이 반복한다.

3 윗입술과 아랫입술을 살짝 안으로 말아 넣었다가 '푸르르르' 하고 입안 공기를 길게 밖으로 내보내면서 입술을 떤다.

4 윗입술과 아랫입술을 살짝 안으로 말아 넣었다가 '빱' 하고 소리를 내며 입안 공기를 강하게 밖으로 내보낸다.

5 혀로 치아, 잇몸, 볼, 입천장 등 입안 전체를 닦는다.

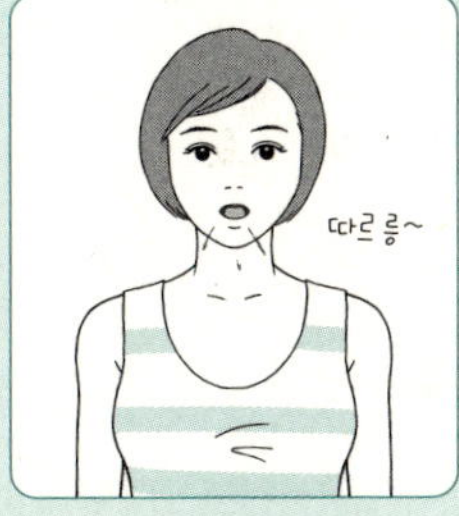

6 '따르르릉' 소리를 내며 혀를 입천장에 부드럽게 굴린다.

오늘의 훈련 목표

1. 복식 호흡하기
2. 기본 발성하기
3. 'ㄱ, ㄲ, ㅋ' 정확한 조음점 알기

호흡 훈련 – 복식 호흡하기

우리는 평소 흉식 호흡을 하고 있기 때문에 호흡을 아랫배까지 전달하는 것이 익숙하지 않다. 아랫배에 공기를 채운다는 생각으로 코와 입을 통해 숨을 천천히 들이마시고 내쉬어보자.

❶ 4초간 천천히 숨을 들이마시며 아랫배를 부풀렸다가 숨을 내쉰다.

❷ 6초간 천천히 숨을 들이마시며 아랫배를 부풀렸다가 숨을 내쉰다.

❸ 8초간 천천히 숨을 들이마시며 아랫배를 부풀렸다가 숨을 내쉰다.

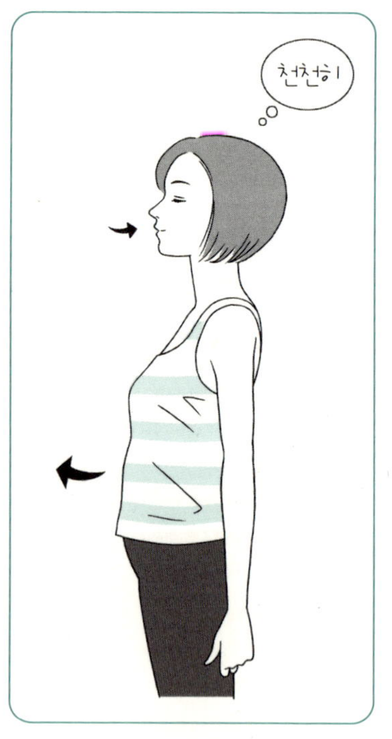

발성의 기본은 목에 힘을 주지 않고 소리를 만들어 내는 것이다. 복식 호흡과 같은 방식으로 숨을 천천히 들이마시어 아랫배에 공기를 채운다. 그리고 배 속에 있는 공기를 꺼내는 느낌으로 '아~~' 발성한다.

❶ 복식 호흡을 이용해 배에 공기를 채운다. 배를 수축시켜 소리를 끌어올리는 느낌으로 5초간 '아~~' 발성한다.

❷ 복식 호흡을 이용해 배에 공기를 채운다. 배를 수축시켜 소리를 끌어올리는 느낌으로 7초간 '아~~' 발성한다.

❸ 복식 호흡을 이용해 배에 공기를 채운다. 배를 수축시켜 소리를 끌어올리는 느낌으로 9초간 '아~~' 발성한다.

'ㄱ'은 혀뿌리가 연구개에 닿으면서 구강에서 소리가 난다. 혀를 이 조음점에 두고 목에 힘을 주면 된소리인 'ㄲ'가 되며, '흐~' 소리를 섞어 발음하면 거센소리인 'ㅋ'가 된다. 아래 그림을 보며 'ㄱ' 조음점을 기억하고 발음해보자.

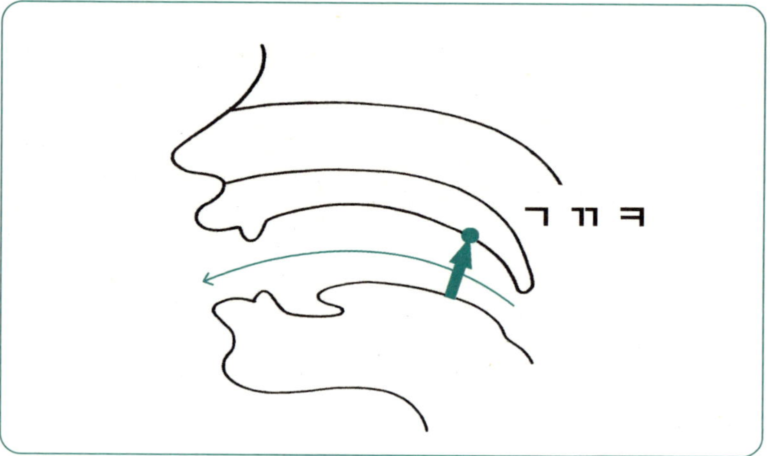

❶ ㄱ ㄱ ㄱ ㄱ ㄱ ㄱ ㄱ ㄱ ㄱ ㄱ ㄱ ㄱ

❷ ㄲ ㄲ ㄲ ㄲ ㄲ ㄲ ㄲ ㄲ ㄲ ㄲ ㄲ ㄲ

❸ ㅋ ㅋ ㅋ ㅋ ㅋ ㅋ ㅋ ㅋ ㅋ ㅋ ㅋ ㅋ

앞서 익힌 복식 호흡, 기본 발성, 'ㄱ, ㄲ, ㅋ' 발음 훈련을 적용하여 다음을 녹음하며 읽어본다. 복식 호흡으로 충분히 숨을 들이마시고 호흡을 길게 내뿜으며 'ㄱ, ㄲ, ㅋ' 혀의 위치를 기억하며 천천히 발음한다.

그림	그물	가시	가격	가을	가치
가까운	꼬막	끝내다	까치	까마귀	까다롭다
커피	카페인	크기	큰집	컴퓨터	키보드

이 그물의 가격은 가치를 환산할 수 없다.

가까운 가족끼리 더욱더 관심을 갖고 지켜봐야 한다.

커피는 카페인이 함유되어 있어 각성작용이 있다.

🎧 녹음한 내 목소리를 들으며 비교 평가해보자.

호흡이 안정감 있고 말의 속도기 적당한가? ______________________

발성이 힘 있게 되고 있는가? ______________________

발음이 정확하게 전달되는가? ______________________

QR코드를 스캔하여 들어보고 녹음한 내 목소리와 어떻게 다른지 비교해보자. 

____

오늘의 훈련 목표
1. 안정감 있는 호흡 만들기
2. 앉아서 발성하기
3. 'ㄴ' 정확한 조음점 알기

호흡 훈련 – 안정감 있는 호흡 만들기

좋은 목소리의 기본은 복식 호흡에서 시작된다. 복식 호흡은 숨을 들이마실 때 배가 팽창되어 나오고 숨을 내쉴 때 배가 수축되어 들어가도록 한다.

❶ 배를 부풀리며 아랫배까지 호흡이 전달되도록 숨을 들이마시고 4초간 천천히 숨을 내쉰다.

❷ 배를 부풀리며 아랫배까지 호흡이 전달되도록 숨을 들이마시고 6초간 천천히 숨을 내쉰다.

❸ 배를 부풀리며 아랫배까지 호흡이 전달되도록 숨을 들이마시고 8초간 천천히 숨을 내쉰다.

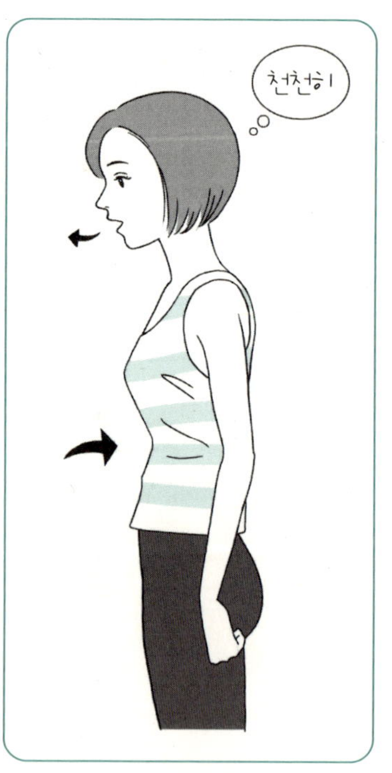

발성 훈련 – 앉아서 발성하기

　의자에 앉으면 서 있는 자세보다 안정적이라 좀 더 편안하게 발성할 수 있다. 이 상태에서 복식 호흡으로 배를 부풀린 후 배를 집어넣으며 '아~~' 발성한다. 이때 아랫배에서 만들어진 소리를 머리끝까지 끌어올린다는 느낌으로 발성한다.

❶ 배를 등 쪽으로 수축시키며 '아~~' 소리와 함께 소리를 얼굴 위까지 끌어올리는 느낌으로 5초간 발성한다.

❷ 배를 등 쪽으로 수축시키며 '아~~' 소리와 함께 소리를 얼굴 위까지 끌어올리는 느낌으로 7초간 발성한다.

❸ 배를 등 쪽으로 수축시키며 '아~~' 소리와 함께 소리를 얼굴 위까지 끌어올리는 느낌으로 9초간 발성한다.

'ㄴ'은 이가 시작하는 부분, 즉 잇몸과 이의 경계에 혀끝을 붙였다 떼면서 비강인 코로 소리가 빠져 나온다. 같은 조음점에 혀를 두고 구강으로 소리를 내면 'ㄷ'이 발음된다. 아래 그림을 보며 'ㄴ'의 조음점 위치를 기억하며 발음해보자.

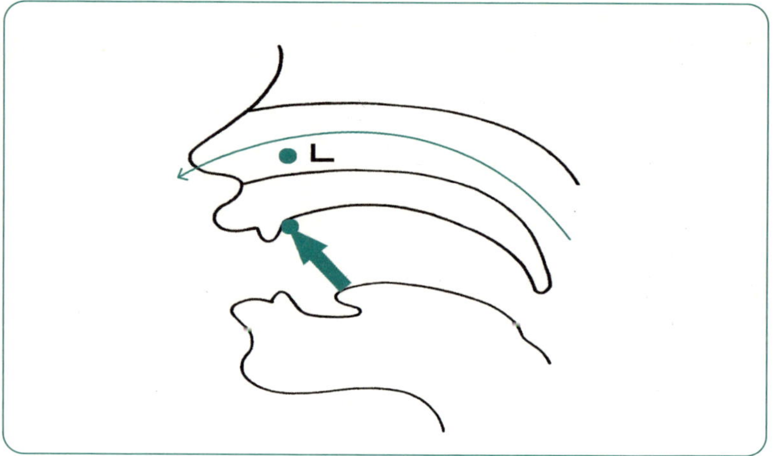

❶ ㄴ ㄴ ㄴ ㄴ ㄴ ㄴ ㄴ ㄴ ㄴ ㄴ ㄴ ㄴ

❷ 는 는 는 는 는 는 는 는 는 는 는 는

앞서 익힌 호흡, 발성과 'ㄴ' 발음 훈련을 적용하여 다음을 녹음하며 읽어보자. 복식 호흡으로 충분히 숨을 들이마시고 호흡을 길게 내뿜으며 'ㄴ'을 발음할 때 혀의 위치가 어디에 위치하는지 기억하며 천천히 발음한다.

나	너	눈	노랑	논객	너울
노을	노비	논술	나치	나무	나라
내일	내기	나비	너구리	논두렁	논리성

나는 너에게 나무 같은 존재가 되고 싶다.

나비가 하늘하늘 거리며 날아다닌다.

논리적인 생각을 요구하는 논술형 시험이 도입되었다.

🎧 **녹음한 내 목소리를 들으며 비교 평가해보자.**

호흡이 안정감 있고 말의 속도가 적당한가?________________________________

발성이 힘 있게 되고 있는가?____

발음이 정확하게 전달되는가?____

QR코드를 스캔하여 들어보고 녹음한 내 목소리와 어떻게 다른지 비교해보자. 

____

오늘의 훈련 목표
1. 스스로 호흡 조절하기
2. 앉아서 호흡을 조절하며 발성하기
3. 'ㄷ, ㄸ, ㅌ' 정확한 조음점 알기

호흡 훈련 – 스스로 호흡 조절하기

　제대로 소리를 내기 위해서는 호흡을 스스로 조절할 수 있어야 한다. 복식 호흡으로 배 속 깊숙이까지 숨을 들이마시고 잠시 멈춘 후 천천히 내뱉는 훈련을 해보자.

❶ 복식 호흡으로 4초간 숨을 들이마시고 2초간 멈춘 후 6초간 천천히 숨을 내쉰다.

❷ 복식 호흡으로 6초간 숨을 들이마시고 4초간 멈춘 후 8초간 천천히 숨을 내쉰다.

❸ 복식 호흡으로 8초간 숨을 들이마시고 6초간 멈춘 후 10초간 천천히 숨을 내쉰다.

안정적으로 의자에 앉아 배에 손을 올리고 복식 호흡으로 숨을 들이마신다. 이때 배가 팽창하는지 확인하며 잠시 쉬었다가 강하게 배를 안으로 집어넣으며 '아~~' 발성한다. 이때 오로지 배의 힘으로만 발성하며 목에 힘을 주어서는 절대 안 된다.

❶ 복식 호흡으로 배가 팽창하는 것을 느낀 후 2초간 정지, 배를 강하게 집어넣으며 5초간 '아~~' 발성한다.

❷ 복식 호흡으로 배가 팽창하는 것을 느낀 후 3초간 정지, 배를 강하게 집어넣으며 7초간 '아~~' 발성한다.

❸ 복식 호흡으로 배가 팽창하는 것을 느낀 후 4초간 정지, 배를 강하게 집어넣으며 10초간 '아~~' 발성한다.

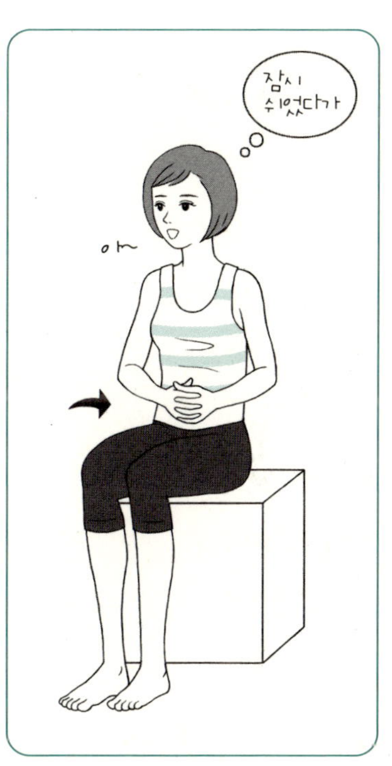

'ㄷ'은 혀끝이 치조에 닿으면서 구강에서 소리가 난다. 여기에 목에 힘을 주어 발음하면 된소리인 'ㄸ', 'ㅎ' 소리를 빠르게 붙여 발음하면 거센소리인 'ㅌ'이 발음된다. 아래 그림을 보며 'ㄷ'의 조음점 위치를 기억하며 발음해보자.

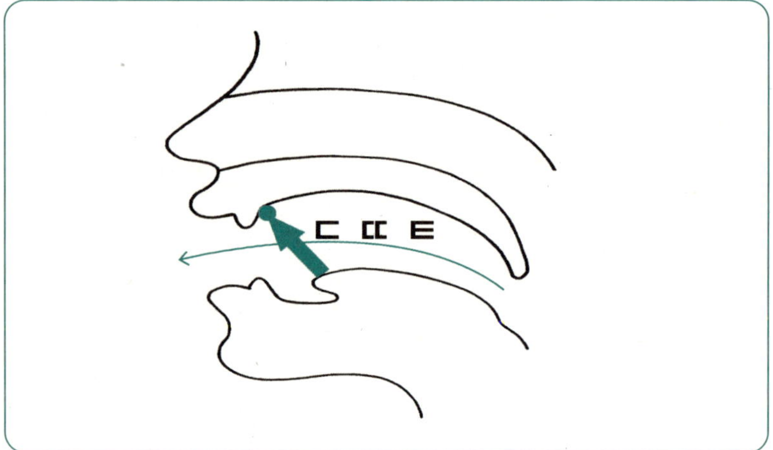

❶ ㄷ ㄷ ㄷ ㄷ ㄷ ㄷ ㄷ ㄷ ㄷ ㄷ ㄷ ㄷ

❷ ㄸ ㄸ ㄸ ㄸ ㄸ ㄸ ㄸ ㄸ ㄸ ㄸ ㄸ ㄸ

❸ ㅌ ㅌ ㅌ ㅌ ㅌ ㅌ ㅌ ㅌ ㅌ ㅌ ㅌ ㅌ

앞서 익힌 호흡, 발성과 'ㄷ, ㄸ, ㅌ' 발음 훈련을 적용하여 다음을 녹음하며 읽어보자. 복식 호흡으로 충분히 숨을 들이마시고 호흡을 길게 내뿜으며 'ㄷ'을 발음할 때 혀의 위치가 어디에 위치하는지 기억하며 천천히 발음한다.

다리	다시마	다람쥐	도로	도미	도끼
딸부자	떡갈비	똑똑한	딸기	또다시	때때로
팀장	텃밭	퇴비	톤조절	탑	터미널

도로 위에서 넘어져 다리가 다쳤다.

다른 사람의 본보기가 될 수 있도록 도덕적으로 행동하자.

때때로 나타나는 팀장님의 텃세 때문에 팀원들은 힘들어 한다.

🎧 **녹음한 내 목소리를 들으며 비교 평가해보자.**

호흡이 안정감 있고 말의 속도가 적당한가? ____________________________

발성이 힘 있게 되고 있는가? ____________________________

발음이 정확하게 전달되는가? ____________________________

QR코드를 스캔하여 들어보고 녹음한 내 목소리와 어떻게 다른지 비교해보자. 

____

오늘의 훈련 목표

1. 빠르고 느리게 호흡하기
2. 앉아서 다리를 들고 발성하기
3. 'ㄹ' 정확한 조음점 알기

호흡 훈련 – 빠르고 느리게 호흡하기

호흡을 느리고 길게 내쉴수록 목소리는 탄탄해진다. 호흡을 짧게 했다, 느리게 했다를 반복하다 보면 스스로 안정적으로 호흡하는 방법을 터득할 수 있다. 훈련하기 가장 편안한 자세를 취하고 길고 짧게 반복적으로 숨을 쉬어보자.

❶ 3초간 숨을 들이마시고 3초간 내쉰다.

❷ 3초간 숨을 들이마시고 천천히 6초간 내쉰다.

❸ 4초간 숨을 들이마시고 4초간 내쉰다.

❹ 4초간 숨을 들이마시고 천천히 8초간 내쉰다.

❺ 5초간 숨을 들이마시고 10초간 내쉰다.

❻ 5초간 숨을 들이마시고 천천히 10초간 내쉰다.

❼ 7초간 숨을 들이마시고 4초간 멈춘 뒤 천천히 10초간 내쉰다.

　목에 힘을 주지 않고 복부의 힘과 호흡으로 소리를 끌어올리는 발성법인 복부 발성은 배에 힘이 갈수록 발성이 쉽다. 앉은 자세에서 다리를 들고 발성하면 좋다. 다리를 들어 올리면 절로 배에 힘이 들어가 손쉽게 복부 발성을 할 수 있다.

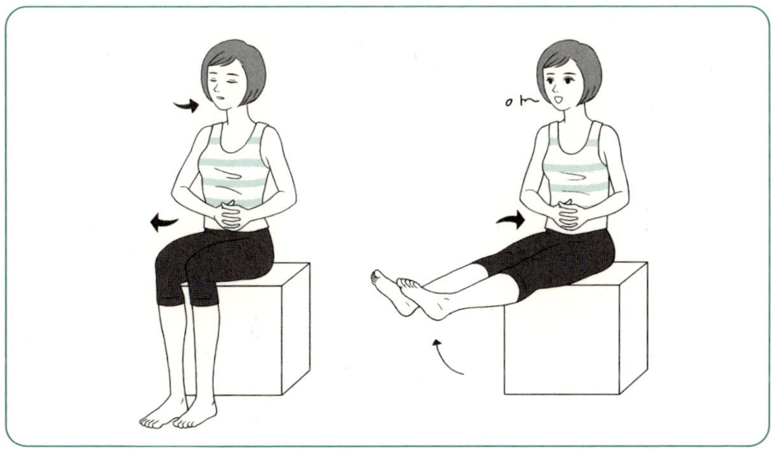

❶ 의자에 앉아 양쪽 다리를 들어 올린 상태로 숨을 들이마신 후 배를 수축시키며 5초간 '아~~' 발성한다.

❷ 의자에 앉아 양쪽 다리를 들어 올린 상태로 숨을 들이마신 후 배를 수축시키며 7초간 '아~~' 발성한다.

❸ 의자에 앉아 양쪽 다리를 들어 올린 상태로 숨을 들이마신 후 배를 수축시키며 13초간 '아~~' 발성한다.

'르'은 혀끝이 치조에 닿았다가 뒤로 말리면서 혀의 양옆으로 소리가 빠져나가 발음된다. 이런 발음을 두고 유음이라고 한다. 아래 그림을 보며 '르'의 조음점 위치를 기억하며 발음해보자.

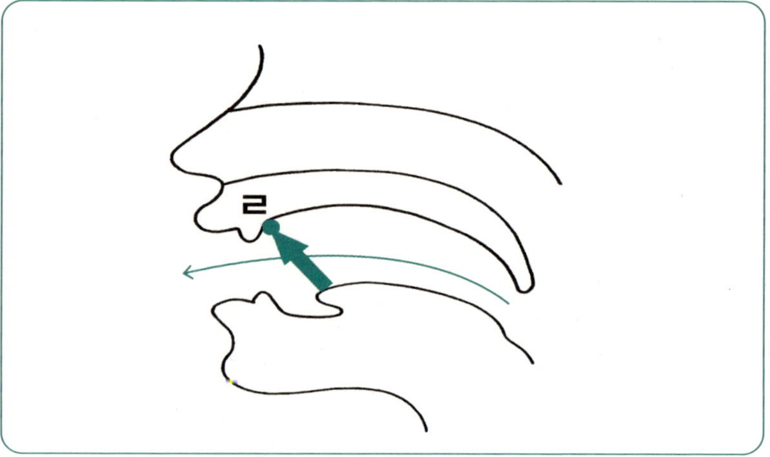

❶ 르 르 르 르 르 르 르 르 르 르 르 르 르

❷ 롤 롤 롤 롤 롤 롤 롤 롤 롤 롤 롤 롤

❸ 랄랄라 라랄라 랄랄라 라랄라 랄랄라 라랄라

앞서 익힌 호흡, 발성과 '르' 발음 훈련을 적용하여 다음을 녹음하며 읽어보자. 복식 호흡으로 충분히 숨을 들이마시고 호흡을 길게 내뿜으며 '르'을 발음할 때 혀의 위치가 어디에 위치하는지 기억하며 천천히 발음한다.

라디오	라면	러시아	리본	라벨	라마단
라식	래그타임	로고	로또	로망	로스쿨
레몬	레스토랑	레시피	라오스		

라디오에서 '라일락 꽃' 노래가 흘러나온다.
러시아의 리듬체조선수는 리본 연기를 훌륭하게 소화해냈다.
건너편 레스토랑에서 파는 레몬소스샐러드의 맛이 일품이다.

녹음한 내 목소리를 들으며 비교 평가해보자.

호흡이 안전감 있고 말의 속도가 적당한가?_______________________

발성이 힘 있게 되고 있는가?_______________________

발음이 정확하게 전달되는가?_______________________

QR코드를 스캔하여 들어보고 녹음한 내 목소리와 어떻게 다른지 비교해보자. 
____

오늘의 훈련 목표

1. 누워서 호흡하기

2. 누워서 다리를 들고 발성하기

3. 'ㅁ' 정확한 조음점 알기

호흡 훈련 – 누워서 호흡하기

누운 자세는 서 있는 자세보다 쉽게 복식 호흡을 훈련할 수 있다.
누운 상태에서 배가 볼록하게 올라오도록 숨을 들이마셨다가 잠시
멈추고 배가 등에 닿는다는 느낌으로 배를 집어넣으며 숨을 내쉰다.

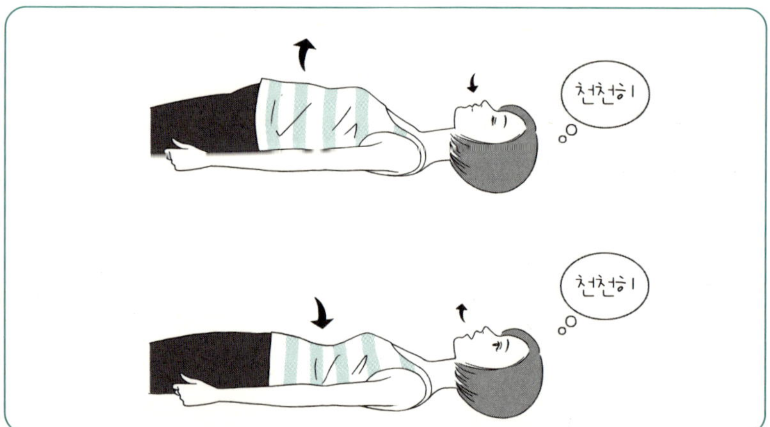

❶ 5초간 숨을 들이마시고 3초간 멈춘 후 6초간 내쉰다.

❷ 6초간 숨을 들이마시고 5초간 멈춘 후 8초간 내쉰다.

❸ 7초간 숨을 들이마시고 7초간 멈춘 후 10초간 내쉰다.

배에 힘을 주어 발성을 돕는 방법으로 누운 상태에서 다리를 들어 올리는 방법이 있다. 바닥에 편안하게 누워 양쪽 다리를 구부려서 들어 올린다. 양쪽이 힘들다면 한쪽 다리를 들어 올린다. 복부에 힘이 들어가 단단해졌는지 손으로 만져 확인한 뒤 '아~' 발성한다.

❶ 바닥에 누워 숨을 들이마신 후 다리를 들어 올린 상태로 배를 등쪽으로 수축시켜 5초간 '아~~' 발성한다.

❷ 바닥에 누워 숨을 들이마신 후 다리를 들어 올린 상태로 배를 등쪽으로 수축시켜 7초간 '아~~' 발성한다.

❸ 바닥에 누워 숨을 들이마신 후 다리를 들어 올린 상태로 배를 등쪽으로 수축시켜 13초간 '아~~' 발성한다.

'口'은 비강에서 나는 소리로 두 입술을 다문 상태에서 코에서 소리가 빠져나와 발음된다. 아래 그림을 보며 '口'의 조음점 위치를 기억하며 발음해보자.

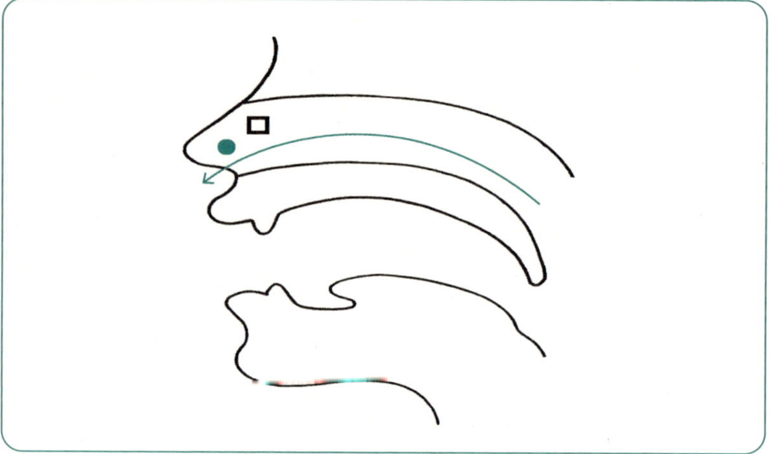

❶ 음 음 음 음 음 음 음 음 음 음 음 음

❷ 맘 맘 맘 맘 맘 맘 맘 맘 맘 맘 맘 맘

❸ 음맘 음맘 음맘 음맘 음맘 음맘 음맘

앞서 익힌 호흡, 발성과 'ㅁ' 발음 훈련을 적용하여 다음을 녹음하며 읽어보자. 복식 호흡으로 충분히 숨을 들이마시고 호흡을 길게 내뿜으며 'ㅁ'을 발음할 때 소리가 어디에서 빠져나가는지 기억하며 천천히 발음한다.

마녀	마사회	마침표	모기	모기장	모나리자
모니터	모델	머리핀	머리숱	머리띠	머그잔
매뉴얼	매미	매실	마스크	문고리	매너리즘

여자들을 위한 머리핀, 머리띠, 모자 등의 액세서리가 많다.

매뉴얼대로 문제를 해결하지 않은 담당자에게 문책이 있었다.

요즘 여름에는 모기가 부쩍 많아 모기약이 필수품이 되었다.

녹음한 내 목소리를 들으며 비교 평가해보자.

호흡이 안징김 있고 말의 속도가 적당한가?________________________

발성이 힘 있게 되고 있는가?________________________

발음이 정확하게 전달되는가?________________________

QR코드를 스캔하여 들어보고 녹음한 내 목소리와 어떻게 다른지 비교해보자. 

____

오늘의 훈련 목표
1. 끊어서 호흡하기
2. 끊어서 발성하기
3. 'ㅂ, ㅃ, ㅍ' 정확한 조음점 알기

호흡 훈련 – 끊어서 호흡하기

호흡은 말 전체의 흐름을 좌우한다. 자신이 원하는 타이밍에 호흡을 잠시 끊어서 말을 한다면 상대에게 훨씬 효과적으로 의사 전달을 할 수 있다. 편안한 자세에서 복식 호흡으로 숨을 배 속 깊이까지 들이마시고 잠시 쉬었다가 숨을 내뱉고 다시 잠시 쉬었다가 숨을 내뱉는 연습을 해보자.

❶ 숨을 들이마시고 2초간 멈춘 후 3초간 내쉰다.

❷ 숨을 들이마시고 2초간 멈춘 후 3초간 내쉬고, 2초간 멈춘 후 3초간 내쉰다.

❸ 숨을 들이마시고 2초간 멈춘 후 3초간 내쉬고, 2초간 멈춘 후 3초간 내쉬고, 다시 2초간 멈춘 후 3초간 내쉰다.

❹ 본인이 할 수 있는 만큼 숨을 멈추고 내뱉는 횟수를 늘려 반복한다.

소리 자체를 튼튼하고 크게 만들기 위해서는 복부에 힘이 들어가야 한다. 가슴이 아닌 배까지 호흡이 전달되는 복식 호흡으로 배 속에 공기를 채운 뒤 끊어서 발성해보자. 끊어서 발성을 하면 순간적으로 배에 힘이 들어가면서 배에서부터 소리를 끌어올리는 요령을 터득할 수 있다. 편한 자세에서 '훗, 훗' 하고 끊어서 발성해보자. 한 번 배를 집어넣고 이어서 '훗, 훗' 소리를 내는 것이 아니라 한 번 배를 집어넣으며 '훗', 다시 배를 집어넣고 '훗' 하고 각각 소리를 낼 때마다 배를 넣으며 발성해야 한다.

❶ 숨을 들이마신 후 강하게 배를 집어넣으며 '훗', 다시 배를 집어넣으며 '훗' 소리를 낸다.

❷ ❶과 같은 방법으로 '훗, 훗, 훗, 훗' 소리를 낸다.

❸ 숨을 들이마신 후 2초간 멈췄다가 ❶과 같은 방법으로 '훗, 훗, 훗, 훗' 소리를 낸다.

❹ 끊어 내는 소리를 '핫'으로 바꿔 ❶~❸을 반복한다.

'ㅂ'은 구강에서 나는 소리로 입술을 다물었다가 벌리며 입안의 공기가 밖으로 터뜨리듯 나가며 발음된다. 이 상태에서 목에 힘을 주면 된소리인 'ㅃ'가 발음되며, 빠르게 'ㅎ'를 더하면 거센소리인 'ㅍ'가 발음된다. 아래 그림을 보며 'ㅂ'의 조음점 위치를 기억하며 발음해보자.

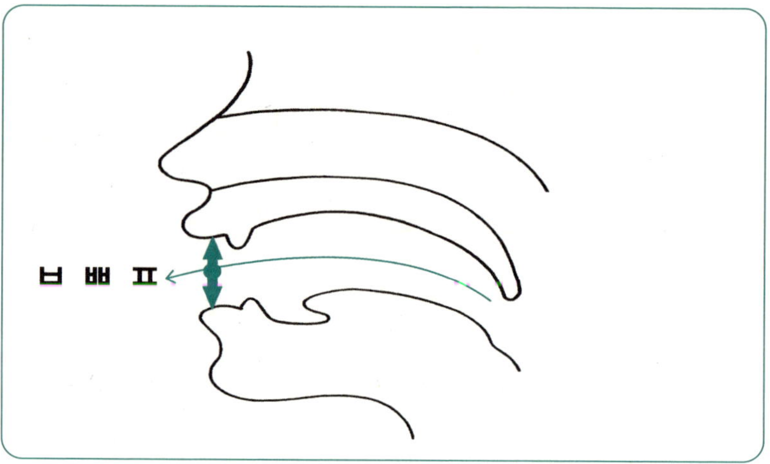

❶ 브 브 브 브 브 브 브 브 브 브 브 브

❷ 쁘 쁘 쁘 쁘 쁘 쁘 쁘 쁘 쁘 쁘 쁘 쁘

❸ 프 프 프 프 프 프 프 프 프 프 프 프

앞서 익힌 호흡, 발성과 'ㅂ' 발음 훈련을 적용하여 다음을 녹음하며 읽어보자. 복식 호흡으로 충분히 숨을 들이마시고 호흡을 길게 내뿜으며 'ㅂ'을 발음할 때 소리가 어디에서 빠져나가는지 기억하며 천천히 발음한다.

바나나	바다	바둑	바람	바로	벼락
빨대	빵	빨래	삐거덕거리다	뽀글거리다	
판도라	펜션	편성표	표적	표준어	표고버섯

아빠는 바빠서 예쁜 딸을 볼 새가 없다.

보건소가 보건복지 사무소로 개편되었다.

바람과 파도가 심해서 바다에 배를 띄울 수 없소.

 녹음한 내 목소리를 들으며 비교 평가해보자.

호흡이 안정감 있고 말의 속도가 적당한가?_______________________

발성이 힘 있게 되고 있는가?_______________________

발음이 정확하게 전달되는가?_______________________

QR코드를 스캔하여 들어보고 녹음한 내 목소리와 어떻게 다른지 비교해보자.

____

오늘의 훈련 목표

1. 티슈를 이용하여 복식 호흡하기
2. 이미지 트레이닝으로 끊어서 발성하기
3. 'ㅅ, ㅆ' 정확한 조음점 알기

호흡 훈련 – 티슈를 이용하여 복식 호흡하기

티슈를 한 장 뽑아 손에 들고 복식 호흡으로 숨을 배 속 깊이 들이마신다. 그리고 티슈를 높이 던져 올린다. 어느 방향으로 떨어질지 모르는 티슈를 불어 올린다. 이때 길게 숨을 내뿜을수록 티슈는 높이 올라가게 돼 자연스럽게 긴 호흡을 훈련할 수 있다. 이때 티슈를 떨어뜨리지 않겠다는 생각에 짧게 숨을 들이마시고 내뱉지 말자. 이것은 호흡 훈련이라는 것을 명심하고 한 번을 하더라도 호흡을 깊게 들이마시고 길게 내쉬는 것에 집중한다. 이 훈련은 재미있는 놀이 같지만 막상 진행하면 쉽지 않은 훈련이니 넘어지는 등 부상을 당하지 않도록 조심하도록 한다.

❶ 숨을 최대한 배 속 가득 들이마신다.

❷ 티슈를 던져 올리고 '후~' 하고 숨을 길게 내뱉어 티슈를 최대한 높이 뜨도록 만든다.

❸ 티슈가 바닥에 떨어질 때까지 ❶~❷를 반복한다.

눈을 감고 얼굴 바로 앞에 무거운 벽이 하나 있다고 상상한다. 무거운 벽이지만 강한 나의 발성으로 뒤로 밀어낼 수 있다. 벽은 한 번 발성을 할 때마다 다섯 발자국씩 밀려난다. 무거운 벽이 뒤로 물러날 수 있도록 힘껏 발성해보자. 벽이 물러났다면 그 거리를 고려하여 멀어진 벽에 소리가 도달할 수 있도록 더 길고 크게 발성한다.

❶ 숨을 깊이 들이마시고 상상의 벽을 향해 강하고 길게 '아~' 발성한다.

❷ 멀어진 거리를 감안하여 배를 힘껏 집어넣으며 '아~' 발성한다.

❸ 나의 목소리가 닿지 않은 곳까지 강하고 길게 '아~' 발성하여 상상의 벽을 밀어낸다.

'ㅅ'은 구강 소리로 혀끝이 이가 시작되는 잇몸인 치조에 거의 붙이다시피 마찰하면서 발음된다. 이 상태에서 목에 힘을 주면 된소리인 'ㅆ'이 발음된다. 'ㅅ'은 가장 많은 사람들이 다양한 발음으로 틀리는 발음이다.

조음점의 위치가 'ㄷ'과 가까워 'ㅅ'을 'ㄷ'으로 발음하는 경우가 많다. 또한 어릴 때 잘못된 발음 습관으로 영문의 'th' 발음인 일명 번데기 발음으로 발음하는 경우가 있다. 아래 그림을 보며 정확한 'ㅅ' 조음점을 기억하고 발음해보자.

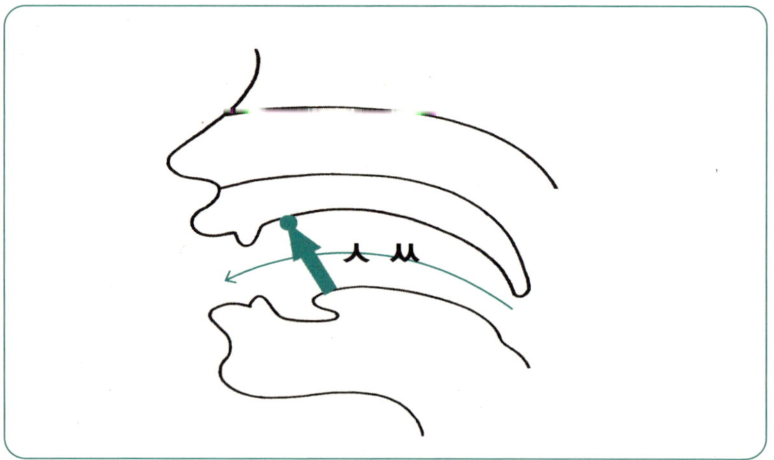

❶ ㅅ ㅅ ㅅ ㅅ ㅅ ㅅ ㅅ ㅅ ㅅ ㅅ ㅅ ㅅ

❷ ㅆ ㅆ ㅆ ㅆ ㅆ ㅆ ㅆ ㅆ ㅆ ㅆ ㅆ ㅆ

❸ 슷 슷 슷 슷 슷 슷 슷 슷 슷 슷 슷 슷

앞서 익힌 호흡, 발성과 'ㅅ, ㅆ' 발음 훈련을 적용하여 다음을 녹음하며 읽어보자. 복식 호흡으로 충분히 숨을 들이마시고 호흡을 길게 내뿜으며 'ㅅ'을 발음할 때 혀의 위치가 어디에 위치하는지 기억하며 천천히 발음한다.

사다리	사랑방	사비	사뿐	사이판	서랍장
서면	서비스	서산	새벽	쓰다	쌀쌀하다
새싹	쌀국수	쌀벌레	쌍둥이	쏘가리	쑥국

사다리를 딛고 서서 나무에 높이 달린 감을 땄다.

쌀벌레가 쌀통에서 스멀스멀 기어 나왔다.

소방서에서는 화재를 대비해 소화기와 소화전 점검, 소방훈련을 시행하도록 권고했다.

녹음한 내 목소리를 들으며 비교 평가해보자.

호흡이 안정감 있고 말의 속도가 적당한가?________________________________

발성이 힘 있게 되고 있는가?________________________________

발음이 정확하게 전달되는가?________________________________

QR코드를 스캔하여 들어보고 녹음한 내 목소리와 어떻게 다른지 비교해보자. 

____

긴장했을 때 목소리 관리 방법

목소리는 신체의 변화를 가장 민감하게 담아낸다. 예를 들어 감기에 걸렸을 경우 쉰 목소리나 거친 목소리가, 컨디션이 좋지 않을 경우 작고 힘없는 목소리가 나오게 된다. 이와는 반대로 몸의 컨디션이 좋을 경우에는 에너지가 듬뿍 담긴 밝고 힘찬 목소리가 만들어진다. 이처럼 목소리는 그 사람의 컨디션을 유추할 수 있는 하나의 척도가 된다. 그러나 건강상의 이유가 아니라 심리적인 이유로 긴장을 해 목소리가 떨리거나 메이는 경우 다음과 같이 목소리를 관리해보자.

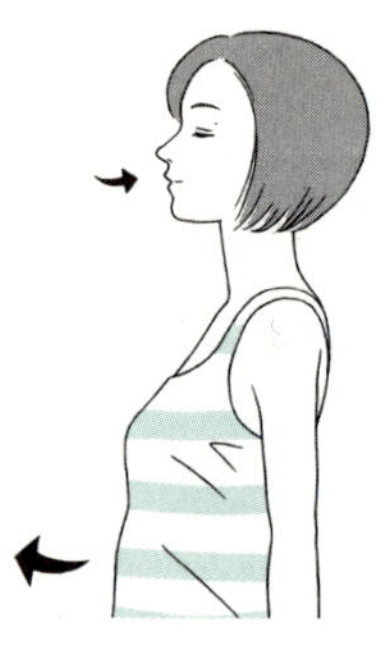

1 복식 호흡으로 심호흡을 크게 5회 이상 천천히 반복한다.

2 성대에 과도한 힘이 들어가지 않게 목과 어깨 주변을 부드럽게 마사지한다.

3 목이 메는 것을 방지하기 위해 "음~음~음~" 또는 "아~아~아~" 발성을 하며 목을 풀어준다.

4 목소리가 불안하게 떨릴 경우 배를 안쪽으로 강하게 수축시킨 상태에서 거울을 보며 "나는 나를 믿는다!"라고 외친다.

5 얼굴 공명 기관에서 소리가 만들어지도록 "음~~음~~음~~" 허밍으로 생각나는 간단한 동요를 불러본다.

나에게 딱 맞는 목소리 찾기

지금까지 다양한 방법의 복식 호흡과 복부 발성을 통해 목소리의 기본기를 다졌다. 이제 기본기를 바탕으로 나만의 목소리 톤과 음색을 찾을 차례다. 나의 첫인상을 결정할 목소리 톤과 음색을 공명 발성을 통해 훈련해보자.

얼굴 공명 발성

소리를 밖으로 내뱉기 전 얼굴에 있는 코, 입, 목 등에서 울림을 만들도록 하는 발성법이다. 즉, 비강, 구강, 인두강에서 울림을 만들어내며 각각 고음, 중음, 저음에 필요한 공명을 한다. 이 세 곳의 울림이 조화를 이뤄 자신만의 매력적인 음색을 만들 수 있다. 얼굴 공명 발성 훈련의 포인트는 코와 입 주변에 진동이 느껴지는 것이다.

'이, 야' 공명 발성

얼굴 공명 발성법은 주로 얼굴의 안면부를 울려준다. 그러나 이 외도 뒤통수 부분인 머리의 후면부를 울려주는 발성법이 바로 '이, 야' 공명 발성이다. 이 발성법은 소리의 음색을 더욱 깊고 풍부하게 만드는 효과가 있다. 구강과 비강이 많이 울리게 된다.

하모닉스 발성

사람들은 목소리가 나오는 범위를 턱 밑부터 어깨까지라고 생각하지만 발성의 측면에서 본다면 목소리가 나오는 범위는 목부터 정수리까지다. 그리고 공명 발성 측면에서는 크게 윗목, 중간 목, 아랫목으로 나눌 수 있다. 그리고 각 영역은 고음, 중음, 저음의 음역대를 관할한다. 이런 음역대를 골고루 활용하여 발성하는 것이 하모닉스 발성이다.

코곁굴 발성

코곁굴은 코에 인접해 있는 굴처럼 생긴 뼈 속 공간으로 공기로 가득 찬 곳을 의미한다. 전문용어로 부비강이라고 하여 부비강 발성이라고도 한다. 우리 얼굴에는 이마, 콧등, 코 양쪽 등 총 4개의 코곁굴이 있다. 코곁굴 발성은 뼈 속의 텅 빈 공간을 울려 독특한 음색을 만들어낸다.

매일매일 준비 운동

복식 호흡

코와 입을 통해 5초간 천천히 숨을 들이마신다.
3초간 정지한 후 10초간 천천히 숨을 내쉰다.
이를 5회 반복한다.

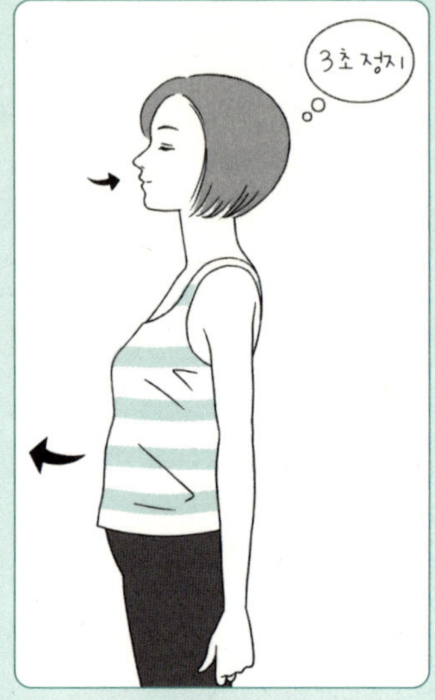

복부 발성

아랫배가 나오도록 코와 입을 통해 5초간
천천히 숨을 들이마신다. 3초간 정지한 후
복부를 수축시키며 10초간 '아~' 발성한다.
이를 5회 반복한다.

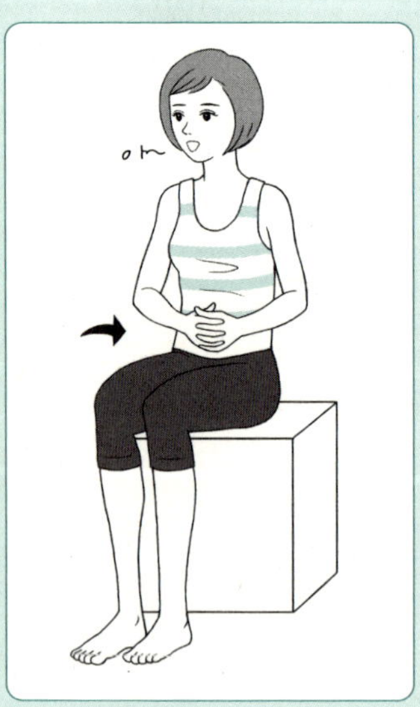

조음기관 스트레칭

1 양쪽 뺨을 손바닥으로 감싼 뒤 부드럽게 작은 원을 그리듯 마사지한다.

2 윗니와 아랫니를 음식을 씹듯이 부딪친다.

3 왼쪽 볼에 바람을 넣어 볼록하게 최대한 부풀린다. 오른쪽도 똑같이 반복한다.

4 윗입술과 아랫입술을 살짝 안으로 말아 넣었다가 '푸르르르' 하고 입안 공기를 길게 밖으로 내보내면서 입술을 떤다.

5 혀로 치아, 잇몸, 볼, 입천장 등 입안 전체를 닦는다.

6 '따르르릉' 소리를 내며 혀를 입천장에 부드럽게 굴린다.

DAY 8

오늘의 훈련 목표
1. 얼굴 공명 발성하기
2. 'ㅇ' 정확한 조음점 알기

발성 훈련 – 얼굴 공명 발성하기

몸의 긴장을 풀고 어깨를 내려뜨려 편안한 자세를 만든다. 혀가 입천장에 닿지 않도록 입 안에 공간을 만든 상태에서 입술을 살짝 다문다. 그리고 '음~~' 소리를 내보자. 이때 코와 입 주변에 진동이 느껴진다면 제대로 공명 발성을 한 것이다.

❶ 입술을 살짝 다문 상태에서 손을 코와 입 근처에 두고 '음~~' 가볍게 울림을 만든다.

❷ 입술을 입안으로 넣어 살짝 다문 뒤 인중 부근에 집중하여 '음~~' 울림을 만든다.

❸ 얼굴 앞 중앙부에 소리를 모으는 느낌으로 '음~~' 울림을 만든다.

❹ 얼굴 앞 중앙부에서 소리를 뒤로 당기는 느낌으로 '응~~' 울림을 만든다.

'ㅇ'은 비강으로 소리를 만든다. 초성일 때는 음가가 없지만 종성, 즉 받침일 때는 혀뿌리를 높여 연구개를 막고 코로 소리가 빠져나와 발음된다.

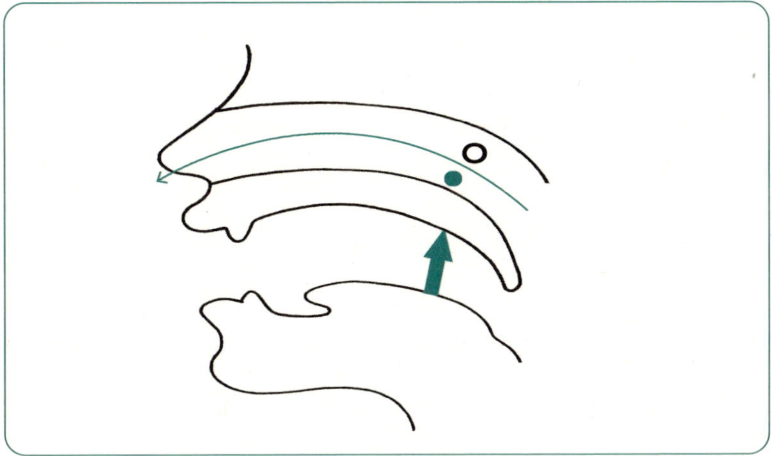

❶ 응 응 응 응 응 응 응 응 응 응 응 응

❷ 영 영 영 영 영 영 영 영 영 영 영 영

❸ 앙 앙 앙 앙 앙 앙 앙 앙 앙 앙 앙 앙

    공명 발성과 'ㅇ' 발음 훈련을 적용하여 다음을 녹음하며 읽어본다. 복식 호흡으로 충분히 숨을 들이마시고 호흡을 길게 내뿜으며 인중과 코의 울림을 느끼며 공명 발성으로 문장을 읽어보자. 'ㅇ' 혀의 위치를 기억하며 천천히 발음한다.

옹이	우엉	안녕	운명	응용	운동장
응답	용기	융단	아양	옹알이	엉덩이
응애	영아	영역	양식	응원	어영부영

음~ 경상도~ 양양에는~ 양이~ 많아.~

음~ 방정환 선생은~ 항상~ 아이들을~ 사랑했다.~

음~ 이 아이가~ 엉덩이를~ 흔들며~ 아양 떠는 것~ 보게나.~

음~ 아기의~ 옹알이는~ 아기 엄마만~ 알아듣는다.~

음~ 융단을~ 만드는~ 양의 털은~ 양 우리에~ 있었다.~

음~ 오늘~ 용기를 내서~ 우리 엄마~ 요리에~ 도전했다.~

음~ 적당한 운동은~ 형 건강에~ 좋아.~ 하지만~ 운동화도~ 신지 않고~ 어영부영~ 운동장을~ 열 바퀴~ 뛰는 것은~ 안 돼.~

어머니들이 정리 전문가의 가장 큰 고객층인 것도 놀랄 일이 아

니다. 그러나 습관을 바꾸지 않는다면 아무리 최선을 다해 체계를
　　　습꽈늘　　　　　　　안는다면

잡아 놓는다 해도 잡동사니를 현실적으로 막을 수 없다. 더 많은 물
　　　　　　잡똥사니를　현실저그로　　　　　　　　마는

건이 들어올수록 정리할 것도 늘어난다. 정리 상태를 유지하는 비
　　드러올쑤록　정니

결은 전문가 상담을 받거나 선반을 늘리거나 정리함을 더 사는 게

아니다. 그보다는 선물이 들어올 가능성을 관리하고 애초에 물건이
　　　　　　선:물　　　　　　　　괄리

들어오는 것을 막을 방법을 찾아야 한다. 쏟아져 들어오는 물건들
　　　　　　마글　　　　　　　　　　　　　　　물건드

의 관리는 본질적으로 '거절하기'를 염두에 둔다.
레　괄리는

비 존슨 지음, 《나는 쓰레기 없이 산다》 中

🎧 **녹음한 내 목소리를 들으며 비교 평가해보자.**

호흡이 안정감 있고 말의 속도가 적당한가?＿＿＿＿＿＿＿＿＿＿＿＿＿＿＿＿＿

발성이 힘 있게 되고 있는가?＿＿＿＿＿＿＿＿＿＿＿＿＿＿＿＿＿＿＿＿＿＿＿

입 주변에서 울림이 느껴지는가?＿＿＿＿＿＿＿＿＿＿＿＿＿＿＿＿＿＿＿＿＿

발음이 정확하게 전달되는가?＿＿＿＿＿＿＿＿＿＿＿＿＿＿＿＿＿＿＿＿＿＿＿

QR코드를 스캔하여 들어보고 녹음한 내 목소리와 어떻게 다른지 비교해보자.
＿＿＿＿＿＿＿＿＿＿＿＿＿＿＿＿＿＿＿＿＿＿＿＿＿＿＿＿＿＿＿＿＿

DAY 9

오늘의 훈련 목표
1. '믐, 는, 응' 공명 발성하기
2. 'ㅈ, ㅉ, ㅊ' 정확한 조음점 알기

발성 훈련 - '믐, 는, 응' 공명 발성하기

비강으로 발음되는 자음을 이용해 공명 발성을 해보는 훈련이다. 복식 호흡으로 숨을 들이셨다가 몸에 힘을 편안하게 빼면서 '음~~' 하고 얼굴 공명 발성을 시작한다. 그러다 '믐', '는', '응' 으로 소리를 바꾸며 공명 발성 훈련을 한다.

❶ 편안하게 어깨를 내려뜨리고 입을 다문다. '음~~' 하고 울림을 만들다가 구강이 아닌 코로 호흡을 내쉬며 '믐~~' 하고 소리를 낸다.

❷ '음~~' 하고 울림을 만들다가 구강이 아닌 코로 호흡을 내쉬며 '는~~' 하고 소리를 낸다.

❸ '음~~' 하고 울림을 만들다가 구강이 아닌 코로 호흡을 내쉬며 '응~~' 하고 소리를 낸다.

❹ ❶~❸을 10회 반복한다.

'지'은 구강에서 소리를 만든다. 혓바닥이 경구개에 닿아 마찰을 일으켜 발음된다. 이 상태에서 목에 힘을 주면 된소리인 '찌'가, '흐' 소리를 빠르게 붙여 발음하면 거센소리인 '치'이 발음된다. 아래 그림을 보며 '지' 조음점을 기억하고 발음해보자.

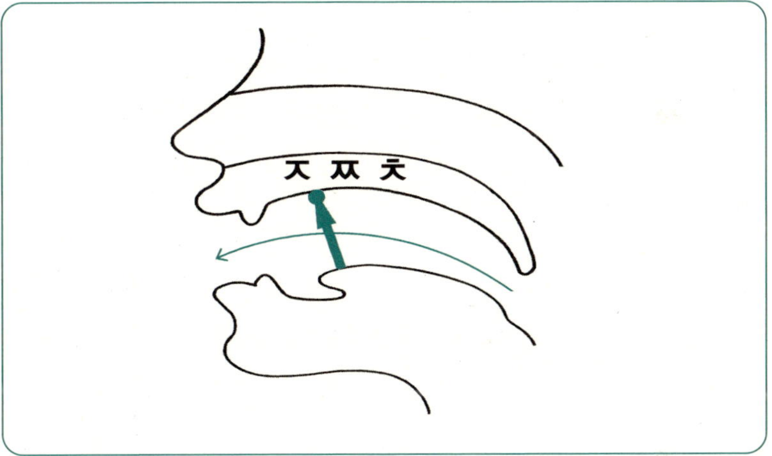

❶ ㅈ ㅈ ㅈ ㅈ ㅈ ㅈ ㅈ ㅈ ㅈ ㅈ ㅈ ㅈ

❷ ㅉ ㅉ ㅉ ㅉ ㅉ ㅉ ㅉ ㅉ ㅉ ㅉ ㅉ ㅉ

❸ ㅊ ㅊ ㅊ ㅊ ㅊ ㅊ ㅊ ㅊ ㅊ ㅊ ㅊ ㅊ

공명 발성과 'ㅈ' 발음 훈련을 적용하여 다음을 녹음하며 읽어본다. 복식 호흡으로 충분히 숨을 들이마시고 호흡을 길게 내뿜는다. 인중과 코의 울림을 느끼며 공명 발성으로 문장을 읽어보자. 'ㅈ' 혀의 위치를 기억하며 천천히 발음한다.

자주	저울	조명	재고	지척	주전자
짝꿍	짝눈	째깍	쫑긋	짜장면	쪼그리다
초복	천리안	철도청	청와대	차장	채소

음~ 자기소개서는~ 자신감 있게~ 작성하는 것이~ 중요하다.~

음~ 중국에서~ 장장~ 한 달이~ 넘는~ 장기간의~ 장마로~ 주요 시설물이~ 파괴되었다.~

음~ 짝꿍이~ 차고 온~ 시계에서~ 째깍째깍 소리가~ 난다.~

음~ 초복에~ 차를 타고~ 처가에~ 가서~ 장모님이~ 해주신~ 초계탕을~ 쪼가리김치와 먹었다.~

축적이나 일련의 속성에 의한 묘사는 사전이 아니라 일종의 백과
   축쩍   일쫑에

사전을 전제로 한다. 그 백과사전은 절대 끝이 없고, 주어진 문화의
                                      절때   끄치 업꼬

구성원들은 각자의 능력에 따라 오직 부분적으로만 그 내용을 배우

고 익힌다. 묘사를 할 때 속성을 사용한다면, 우리는 아직 종과 유

의 위계가 형성되지 않은, 그리고 본질에 의한 정의를 갖지 못한 원

시적 문화에 속해 있는 것이다. 하지만 사실 본질적 정의가 존재하

는 성숙한 문화 역시 그에 만족하지 못하고 현존하는 정의에 의문

을 제기하거나, 새로운 속성들을 찾아냄으로써 백과사전의 해당 항

목 안에 더 많은 지식을 저장하기 위해 노력한다.

움베르트 에코 지음, 《젊은 소설가의 고백》中

🎧 **녹음한 내 목소리를 들으며 비교 평가해보자.**

호흡이 안정감 있고 말의 속도가 적당한가?_______________________________

발성이 힘 있게 되고 있는가?_______________________________________

입 주변에서 울림이 느껴지는가?_____________________________________

발음이 정확하게 전달되는가?_______________________________________

QR코드를 스캔하여 들어보고 녹음한 내 목소리와 어떻게 다른지 비교해보자.
____

DAY

10

오늘의 훈련 목표

1. 코곁굴 발성하기
2. 'ㅎ' 정확한 조음점 알기

발성 훈련 – 코곁굴 발성하기

이마, 콧등, 코 양쪽과 코 안쪽에 있는 코곁굴을 울려 소리를 낸다.

❶ '음~~' 하고 코로 공기가 빠져나오는 것을 느끼며 10초 동안 소리를 낸다.

❷ 코로 공기가 빠져나오는 것을 느끼며 '밈~~', '미염~~', '미~~야~~' 하고 각각 10초씩 소리를 낸다.

❸ '맴맴맴맴맴~~' 하고 10초 동안 소리를 낸다.

❹ '이야야옹~~' 하고 코로 공기가 빠져나오는 것을 느끼며 10초 동안 소리를 낸다.

'ㅎ'은 목구멍에서 나는 소리로 모음에 따라 소리가 나는 위치가 달라진다. 모음 'ㅏ'와 결합하면 목구멍에서, 모음 'ㅗ'와 결합하면 입술에서, 모음 'ㅡ'와 결합하면 입 가운데에서 소리가 난다. 아래 그림을 보며 'ㅎ' 조음점을 기억하고 발음해보자.

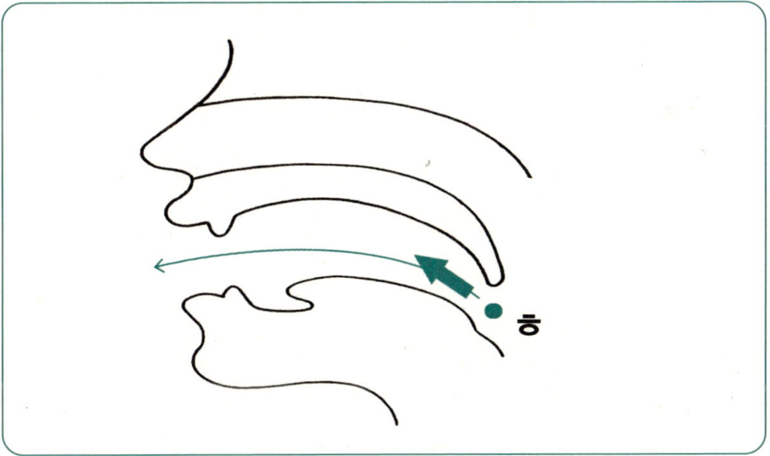

❶ 짧게 '하 하 하 하', 최대한 길게 '하~하~하~하~'

❷ 짧게 '호 호 호 호', 최대한 길게 '호~호~호~호~'

❸ 짧게 '흐 흐 흐 흐', 최대한 길게 '흐~흐~흐~흐~'

코곁굴 발성과 'ㅎ' 발음 훈련을 적용하여 다음을 녹음하며 읽어본다. 복식 호흡으로 충분히 숨을 들이마시고 호흡을 길게 내뿜는다. 코로 공기가 빠져나오는 것을 느끼며 코곁굴 발성으로 문장을 읽어보자. 'ㅎ' 소리의 위치를 기억하며 천천히 발음한다.

하늘	하차	허리	해군	해바라기	해수욕장
후추	후두염	후원	호두	호랑이	현미
형광등	현수막	한국	형제	회화	회자

믐~ 형무소 소장인~ 형,~ 변호사인~ 나,~ 형사인~ 아우까지~ 우리 삼 형제는~ 모두 형법에~ 연관되어 있다.~

믐~ 해무가 심해~ 오후가 되어도~ 해를~ 볼 수 없으니~ 오늘 항해는~ 어렵소.~

믐~ 해안 기후란~ 해안이나~ 호반 지역에서~ 나타나는 기후로~ 해륙풍이~ 발달하기 쉽다.~

믐~ 현수막이~ 하늘을~ 막고 있어~ 하루 종일~ 형광등을 컸다.~

믐~ 현대 한국 회화를~ 후원하는 모임에서~ 여름을 맞아~ 해수욕장에서~ 후원회의 밤을~ 연다.~

한편 저크는 언어에도 일가견이 있었다. 대학 입학 원서를 보면
　　　　　　　　　　　일가껴니　　　　　　　　　　　이팍

그는 프랑스어와 히브리어, 라틴어, 고대 그리스어까지 쓰고 읽을
　　　　　　　　　　　　　　　　　　　　　　　　　　　일글

수 있다고 기록되어 있다. 대학에서 그는 친구들과 이야기를 나눌
쑤　　　읻따고

때 《일리아드》와 같은 서사시의 구절을 적재적소에 인용하는 것으
　　　　　　　　　　　　　　　　　　　　　　　　이뇽

로 유명했다. 페이스북 초창기에 가입한 회원이라면 당시 남자아이
　　　　　　　　　　　　　　가이판

들이 주고받은 대화 속에 종종 '지배하다' 라는 단어가 등장했던 것
　　　주고바든

을 기억하리라. 저크의 지배력은 이견의 여지가 없었다.
　　　　　　　　　　　　　　　이겨네

예카테리나 지음, 《저커버그처럼 생각하라》 中

🎧 **녹음한 내 목소리를 들으며 비교 평가해보자.**

호흡이 안정감 있고 말의 속도가 적당한가?＿＿＿＿＿＿＿＿＿＿＿＿＿＿＿＿＿

발성이 힘 있게 되고 있는가?＿＿＿＿＿＿＿＿＿＿＿＿＿＿＿＿＿＿＿＿＿＿＿

입 주변에서 울림이 느껴지는가?＿＿＿＿＿＿＿＿＿＿＿＿＿＿＿＿＿＿＿＿＿

발음이 정확하게 전달되는가?＿＿＿＿＿＿＿＿＿＿＿＿＿＿＿＿＿＿＿＿＿＿

QR코드를 스캔하여 들어보고 녹음한 내 목소리와 어떻게 다른지 비교해보자.

＿＿＿＿＿＿＿＿＿＿＿＿＿＿＿＿＿＿＿＿＿＿＿＿＿＿＿＿＿＿＿＿＿＿＿＿

DAY 11

오늘의 훈련 목표
1. 고음 영역 공명 발성하기
2. 'ㅏ, ㅓ' 정확한 입 모양 알기

발성 훈련 – 고음 영역 공명 발성하기

비강 공명을 집중적으로 훈련하면 고음을 가질 수 있다. 비강 공명은 윗목에 해당하며 가장 가까운 발성 기관은 코다. 배에서 만들어진 소리를 머리 위로 끌어 올리는 느낌으로 '음~~' 허밍음을 낸다.

❶ 머리 위로 끌어 올려 미간에서 소리가 나간다는 느낌으로 '믐~~' 하고 소리를 낸다.

❷ '는~~' 하고 소리를 낸다.

❸ '응~~' 하고 소리를 낸다.

❹ ❶~❸을 10회 반복한다.

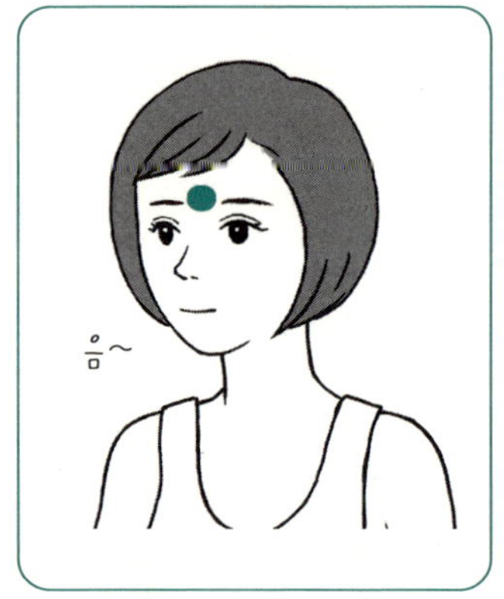

　'ㅏ'의 입술 모양은 하품을 하듯 아래턱을 내려 입을 크게 벌린다. 혀는 아래 바닥에 위치한다. 여기서 세로는 그대로 두고 입술을 가로로 살짝 오므리면 'ㅓ' 소리를 낼 수 있다. 거울을 보며 발음 훈련을 해보자.

❶ 거울을 들고 입 모양을 크게 벌려 '아' 소리를 발음하고 입 모양을 확인한다.

❷ ❶에서 가로로 입 모양을 살짝 오므려 '어' 소리를 발음한다.

가마	나라	아빠	파랑	차갑다	바람
거성	더덕	버섯	서천	머리	처치

아가와 엄마가 아빠를 마중 나갔다.

언니는 할머니와 서산에 버스를 타고 갔다.

나와 너는 앞으로 더 나은 삶을 살게 될 것이다.

　　공명 발성과 'ㅏ, ㅓ' 발음 훈련을 적용하여 다음을 녹음하며 읽어본다. 복식 호흡으로 충분히 숨을 들이마시고 호흡을 길게 내뿜는다. 인중과 코의 울림을 느끼며 공명 발성으로 문장을 읽어보자. 'ㅏ, ㅓ'의 입 모양과 혀의 위치를 기억하며 천천히 발음한다.

　　당신의 기업은 강점을 기반으로 한 그룹에 속하기 위해서 무엇을
　　당신에　　　　　　　　강쩜

할 수 있는가? 우리는 다음 4단계를 추천한다.

　　첫 번째 단계는 여행의 종착지, 즉 기대하던 성과를 측정하는 올
　　　　　　　　종착찌　　　　　　　　성꽈　　측쩡

바른 방식을 알아내는 것이다. 이는 매우 간단하다. "이 업무를 담

당한 직원들은 무엇을 하고 월급을 받는가?"와 같은 간단한 질문을
　　　　　　　　　　　　　　　　　　　　　　　　　간:단한

이용한다면, 그 역할에 대한 올바른 평가 기준을 얻을 수 있을 것이
　　　　　　　여카레　　　　　　　　평:까

다. 하지만 여기에도 창조성의 여지는 남아 있다. 캘리포니아주 샌
　　　　　　　창:조성에

디에이고 외곽에 있는 콕스 커뮤니케이션의 고객관리 센터는 토크

타임과 사인 온 타임뿐만 아니라 전혀 들어보지 못한 트럭 롤로 업

무 성과를 측정한다. 트럭 롤이란 지원 전문가가 전화로 고객의 문
　　　측쩡한다　　　　　　　　　　　　　　　　　　　고객에

제를 해결할 수 없어 고객의 집으로 수리 트럭을 급히 파견해야 할
　　　　　　　　　　지브로　　　　　　　　그피

경우를 의미한다. 아무래도 고객들은 전화 한 통으로 모든 것이 해

결되길 바라기 때문에, 고객의 집으로 파견하는 트럭수가 적은 지

원 전문가일수록 좋은 평가를 받는다.
　　　조은　　평:까

마커스 버킹엄 · 도날드 클리프턴 지음, 《위대한 나의 발견 강점혁명》 中

호흡이 안정감 있고 말의 속도가 적당한가?＿＿＿＿＿＿＿＿＿＿＿＿＿＿＿＿

발성이 힘 있게 되고 있는가?＿＿＿＿＿＿＿＿＿＿＿＿＿＿＿＿＿＿＿＿＿＿

입 주변에서 울림이 느껴지는가?＿＿＿＿＿＿＿＿＿＿＿＿＿＿＿＿＿＿＿＿

발음이 정확하게 전달되는가?＿＿＿＿＿＿＿＿＿＿＿＿＿＿＿＿＿＿＿＿＿＿

QR코드를 스캔하여 들어보고 녹음한 내 목소리와 어떻게 다른지 비교해보자.
＿＿＿＿＿＿＿＿＿＿＿＿＿＿＿＿＿＿＿＿＿＿＿＿＿＿＿＿＿＿＿＿＿＿＿

오늘의 훈련 목표
1. 중음 영역 공명 발성하기
2. 'ㅗ, ㅜ' 정확한 입 모양 알기

발성 훈련 – 중음 영역 공명 발성하기

중음은 중간 목에 해당하는 구강 공명을 통해 만들어진다. 중음을 낼 때는 인중과 구강 사이에 소리가 모아 '으~~' 하고 구강에 있는 진동을 밖으로 내보낸다는 느낌으로 소리를 낸다.

❶ 안의 진동을 입술로 내보낸다는 느낌으로 '브~~' 하고 소리를 낸다.

❷ '그~~' 하고 소리를 낸다.

❸ '드~~' 하고 소리를 낸다.

❹ '아~~' 하고 소리를 낸다.

❺ ❶~❹를 10회 반복한다.

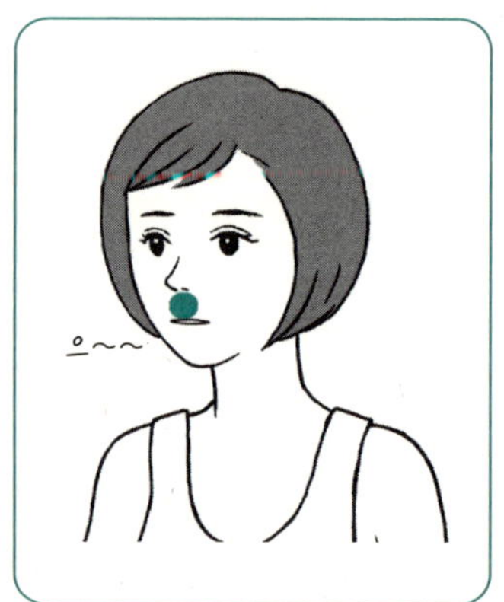

'ㅗ'는 입을 살짝 벌린 상태에서 입술을 전체적인 오므려 모아 발음한다. 이때 혀는 뒤로 살짝 당겨진다. 이 상태에서 입술을 앞으로 내밀고 아랫니가 윗니와 닿도록 턱을 올리면 'ㅜ' 소리가 발음된다. 거울을 보며 발음 훈련을 해보자.

❶ 하품하듯 입을 크게 벌려 '아'를 발음하고 입 모양의 가로 폭을 오므리며 '어' 발음을 한다.

❷ 그 상태에서 아래턱을 살짝 올려 입 모양을 오므리며 '오' 발음을 한다.

❸ '오'에서 입술을 내밀며 아랫니와 윗니가 닿도록 턱을 올리며 '우' 발음을 한다.

| 고모 | 고릴라 | 노래방 | 오대양 | 토요일 | 고속버스 |
| 부부 | 무순 | 우리 | 추어탕 | 구연산 | 수요일 |

도서관에서 모두 조용히 공부한다.

우리 누이 눈동자는 호수처럼 푸르다.

수요일에 부산고모를, 목요일에는 통영누나를 보고 토요일에 우리 집에 도착했다.

공명 발성과 'ㅗ, ㅜ' 발음 훈련을 적용하여 다음을 녹음하며 읽어본다. 복식 호흡으로 충분히 숨을 들이마시고 호흡을 길게 내뿜는다. 인중과 코의 울림을 느끼며 공명 발성으로 문장을 읽어보자. 'ㅗ, ㅜ'의 입 모양과 혀의 위치를 기억하며 천천히 발음한다.

수학 시간은 끝나기 약 10분 전이 가장 중요한데, 이때 수업 중에
수:학

풀어 본 20~30개 문제의 오답을 바로잡기 때문이다. 모든 문제를
푸러 본   문제에

완벽하게 이해하지 못한 것 같은 사람은 손을 들고 물어보면 다시
모탄 걷 가튼

한 번 설명해 주겠노라고, 학생들에게 말한다. 교실을 돌면서 설명

해 줘도 이해하지 못하는 아이들이 있고, 또 정답을 모두 맞히긴 했
모타는   마치긴

지만 마음 깊은 곳에서는 개념을 완전히 이해하지 못했는데도 운이

좋아 정답을 맞혔다는 것을 아는 아이들도 있다.
마쳗따는

그래서 나는 학생들에게 질문해 달라고 부탁한다. 첫날은 아무도

손을 들지 않는다.

나는 기다린다.

나는 조금 더 기다린다.

그러면 보통 용감한 영혼 하나가 손을 든다. 용기 있는 행동이다.

열 살 정도 된 아이들은 "이 문제는 다 끝났어"라고 말하는 성미 급

한 선생님 때문에 당황했던 경험이 있다. 설상가상으로 틀린 문제

로 질문을 했다는 이유로 반 친구들의 비웃음을 사고 상처를 받기

도 한다.

레이프 에스퀴스, 《당신이 최고의 교사입니다》 中

🎧 **녹음한 내 목소리를 들으며 비교 평가해보자.**

호흡이 안정감 있고 말의 속도가 적당한가?＿＿＿＿＿＿＿＿＿＿＿＿＿＿＿

발성이 힘 있게 되고 있는가?＿＿＿＿＿＿＿＿＿＿＿＿＿＿＿＿＿＿＿＿＿＿

입 주변에서 울림이 느껴지는가?＿＿＿＿＿＿＿＿＿＿＿＿＿＿＿＿＿＿＿＿

발음이 정확하게 전달되는가?＿＿＿＿＿＿＿＿＿＿＿＿＿＿＿＿＿＿＿＿＿

QR코드를 스캔하여 들어보고 녹음한 내 목소리와 어떻게 다른지 비교해보자.

＿＿＿＿＿＿＿＿＿＿＿＿＿＿＿＿＿＿＿＿＿＿＿＿＿＿＿＿＿＿＿＿＿＿＿

오늘의 훈련 목표
1. 저음 영역 공명 발성하기
2. 'ㅡ, ㅣ' 정확한 입 모양 알기

발성 훈련 – 저음 영역 공명 발성하기

턱을 살짝 밑으로 내리는 느낌으로 발성하면 무게감 있는 저음을 만들 수 있다. 다만 목에 힘이 들어가 성대를 긴장시키지 않도록 유의한다. 턱 끝을 살짝 내리되 목에 힘을 빼고 복부 발성으로 배를 안쪽으로 당겨 소리를 끌어올려 '음~~' 하고 발성하자.

❶ 배를 안으로 당기고 입술 아래턱으로 소리가 니긴디는 느낌으로 '음~~' 하고 소리를 낸다.

❷ '아~~' 하고 소리를 낸다.

❸ ❶~❷를 10회 반복한다.

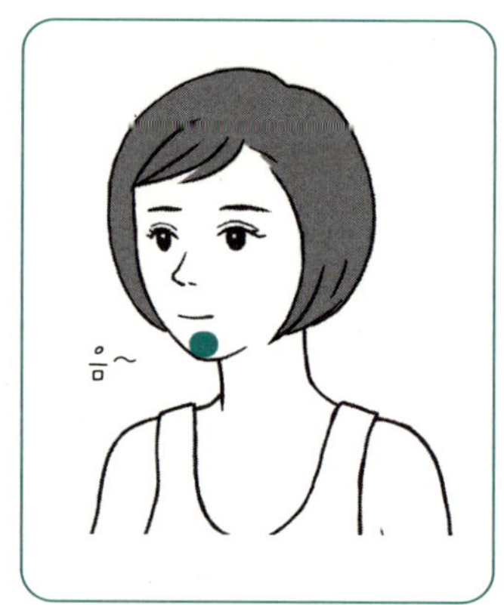

'─'는 입술을 가로로 당기며 어금니는 살짝 닿고 앞니는 살짝 떨어진 상태에서 혀의 중간 부분을 올려 소리가 난다. 이때 입술을 가로로 최대한 당기며 혀가 앞으로 나오면 'ㅣ' 소리가 발음된다. 거울을 보며 발음 훈련을 해보자.

❶ 하품하듯 입을 크게 벌려 '아', 입 모양의 가로 폭을 오므리며 '어', 아래턱을 살짝 올려 입 모양을 오므리며 '오', 입술을 내밀며 아랫니와 윗니가 닿도록 턱을 올려 '우' 발음을 한다.

❷ 그 상태에서 입 모양을 가로로 살짝 당겨 '으' 발음을 한다.

❸ '으'에서 입술을 가로로 최대한 당기고 혀로 아랫니를 밀며 '이' 발음을 한다.

그림   스위스   드라마   브라질   트럭   으리으리하다
기린   이슬   미래   치아   티백   히브리어

그 기린 그림이 긴 기린 그림인가 안 긴 기린 그림인가?
기간제로 근무한 기술직 근로자는 급여가 크지 않아 불만이다.
브라질에서 유럽과 남미의 으리으리한 대결이 기다리고 있다.

공명 발성과 'ㅡ, ㅣ' 발음 훈련을 적용하여 다음을 녹음하며 읽어본다. 복식 호흡으로 충분히 숨을 들이마시고 호흡을 길게 내뿜는다. 인중과 코의 울림을 느끼며 공명 발성으로 문장을 읽어보자. 'ㅡ, ㅣ'의 입 모양과 혀의 위치를 기억하며 천천히 발음한다.

이 시점에서 사건의 공식적 버전은 이러하다. 전쟁의 신 티르가
_{시쩜}　　_{사:껀}　　　　　　　　　　　　　　_{전 :쟁}

자기 손을 펜리스울프의 입에 넣어 그의 믿음을 사겠다고 자청했
　　　　　　　　　　　　　_{그에}　　_{미듬}

다. 자신의 몸을 담보로 더 큰 선을 구현하고자 한 것이다. 그러나

신화는 언제나 승자들의 이야기이다. 아마 내가 늑대와 너무 많은

시간을 보내서 그렇겠지만 이 공식적 신화의 전개는 나에게 전혀
　　　　　　　　　　　_{공식쩍}

와 닿지 않는다. 내가 보기엔 티르가 꾸며 내고 강하게 주장한 버전
　_{다치}　_{안는다}

이라는 증거가 너무나 많아 보인다. 티르는 용감한 것이 아니라 가
　　　　　　　_{마나}

장 치사하며 잔혹하고 사악한 신이라는 생각을 떨칠 수 없다. 또한
　　　　_{잔호카고}　_{사아칸}

티르가 펜리스울프를 키웠다고 알려져 있지만 그를 얼마나 잘 돌

보았는지는 거의 설명이 없다. 그러니까, 슬프지만 새끼 늑대였을

때부터 펜리스울프는 항상 티르를 물어 버리고 싶었을 것이다. 티

르가 거대한 늑대의 입에 손을 넣은 것은 자처한 것이 아닐 거라는

의심도 떨치기 힘들다. 오히려 거절하면 길고도 깊은 고통을 주겠

다는 오딘의 협박을 받아 어쩔 수 없이 그랬을지 알 게 뭔가? 오딘

의 명령에 따라 용기를 내어 그렇게 했건, 늑대 입에 손을 넣은 티

르의 표정을 상상해 보라.

마크 롤랜즈 지음, 《철학자와 늑대》 中

오늘의 훈련 목표
1. 후면부 공명 발성하기
2. 'ㅔ, ㅐ' 정확한 입 모양 알기

발성 훈련 – 후면부 공명 발성하기

머리의 후면부인 뒤통수를 울리는 공명법이다. 이 발성법은 소리의 음색을 더욱 깊고 풍부하게 만드는 효과가 있다. 미소를 짓듯 입을 최대한 가로로 당기고 '이~~' 발성하면 표정 근육이 뒤로 가게 되면서 비강과 인두강을 공명시킨다. 이 상태로 '야~~' 발성하면 혀의 뿌리 부분이 아래로 당겨지면서 입안의 공간이 넓어져 구강과 비강을 동시에 공명시킨다.

❶ 입술을 살짝 다문 상태에서 손을 코와 입 근처에 두고 '음~~' 가볍게 울림을 만든다.

❷ 표정 근육을 뒤로 당긴다고 이미지 트레이닝을 하며 입술을 양쪽으로 당겨 '이~~' 하고 10초간 발성한다.

❸ 입을 조금 더 크게 벌려 '야~~' 하고 10초간 발성한다.

❹ ❶~❸을 10회 반복한다.

'ㅔ'는 입술을 가로로 최대한 당긴 상태에서 앞 혀를 밑으로 내려 자연스럽게 턱을 내려가도록 하여 발음한다. 이때 혀를 밑으로 더 내려 턱이 내려가도록 하면 'ㅐ' 소리가 발음된다. 거울을 보며 발음 훈련을 해보자.

❶ 입술을 가로로 최대한 당겨 '이' 발음을 한다.

❷ 이 상태에서 앞 혀를 밑으로 내리며 턱을 살짝 내려 '에' 발음을 한다.

❸ 이 상태에서 앞 혀를 더 밑으로 내리며 턱을 내려 '애' 발음을 한다.

| 게 | 네모 | 베다 | 에누리 | 제사 | 체중계 |
| 개 | 내과 | 배다 | 애국가 | 재고 | 채무 |

개 도둑놈, 게 섰거라!

재고는 곧 채무이니 에누리를 해서라도 매장에 내다 팔아라.

제사에 쓸 네모난 상은 체중계 옆에 있다.

공명 발성과 'ㅔ, ㅐ' 발음 훈련을 적용하여 다음을 녹음하며 읽어본다. 복식 호흡으로 충분히 숨을 들이마시고 호흡을 길게 내뿜는다. 인중과 코의 울림을 느끼며 공명 발성으로 문장을 읽어보자. 'ㅔ, ㅐ'의 입 모양과 혀의 위치를 기억하며 천천히 발음한다.

대학 졸업하고 군대 다녀오고 취직자리 찾는 스물일곱 살이라면
취:직짜리   찬는

이제 그 고민의 시간도 아까울 때다. 그런 당신에게 하루 세 끼 축

내면서 오로지 고민만 하는 거, 실은 그 나이에 아무것도 안 하는
시른

자신에 대한 자기합리화는 아닐까?
자기함니화

나는 당신이 스물일곱 살이 되도록 자기가 잘하는 일이 무엇인

지, 하고 싶은 일이 무엇인지 모른다는 걸 탓하고 싶진 않다. 오히
타타고   안타

려 그 나이에 확고한 꿈을 가진 젊은이들이 얼마나 될까 싶다. 학교
확꼬   절므니

가고 군대 가고 정해진 코스대로 살 수밖에 없다, 기껏해야 아르바
기:꺼태야

이트 정도가 사회생활의 전부였을 테니. 그 안에서 자신의 적성을
적썽

발견하는 일이 쉽진 않았을 거다.

나도 그랬다. 제대하고 나서도 당장 뭘 해야 할지 막막하더라. 그렇다고 당신처럼 고민만 하지는 않았다. 길거리에서 옷 장사도 하고, YMCA 레크레이션 일도 하고, 닥치는 대로 이런저런 일들을 했다. 그러면서 개그맨을 하고 싶었던 어린 시절 꿈을 다시 기억해낼 수 있었던 거다. 내가 만약 아무것도 하지 않고 만날 집에 앉아 '뭐 하지? 뭐할까?' 고민만 하고 있었다면, 분명 컬투 정찬우는 없었을 거다.

정찬우 지음, 《기꺼이 파란만장하시라》 中

🎧 **녹음한 내 목소리를 들으며 비교 평가해보자.**

호흡이 안정감 있고 말의 속도가 적당한가?_______________________________________

발성이 힘 있게 되고 있는가?_______________________________________

입 주변에서 울림이 느껴지는가?_______________________________________

발음이 정확하게 전달되는가?_______________________________________

QR코드를 스캔하여 들어보고 녹음한 내 목소리와 어떻게 다른지 비교해보자.
____

볼펜을 물고 발음 연습을 하자

TV를 보다 보면 유명 연예인들 중에 근사한 외모는 물론 매력적인 목소리도 가졌지만 유독 발음이 부정확해서 놀림을 받는 경우를 종종 볼수 있다. 아마도 따라갈 수 없는 멋진 외모를 가졌기에 그에 상반되는 부정확한 발음에 더욱 민감하게 반응하는 것인지도 모른다.

하지만 꼭 연예인이 아닌 우리 주변에서도 발음이 부정확한 사람이 전달하는 내용은 정확하게 발음하는 사람의 것보다 신뢰가 덜 간다. 이는 어눌한 발음 때문에 전문성이 떨어지게 느껴지기 때문이다. 이처럼 말소리의 인상을 좌우하는 정확한 발음을 위해 신경 써야 할 것은 '혀의 움직임'과 '입 모양' 이다.

지금 당장 거울을 보면서 "안녕하세요?" 하고 말해보자. 입의 크기가 얼마나 벌어지는가? 아마도 앞니가 거의 보이지 않을 정도로 작게 벌렸을 확률이 높다. 입을 작게 벌리면 입안의 공간이 좁아 혀가 활발하게 움직일 수 없다. 정확한 발음을 위해서는 혀가 유연하게 움직여야 한다.

혀 짧은 말투, 웅얼거리는 말투, 어눌한 말투는 볼펜 또는 나무젓가락을 이용해 의외로 쉽게 개선할 수 있다. 볼펜이나 젓가락을 입에 물면 입안의 공간을 넓어지면서 발성이 커지고 혀의 움직임을 활발해진다. 또한 입술의 움직임이 가벼워져 발음이 더욱 또렷해진다. 꾸준히 연습하면 볼펜을 빼고도 자연스럽게 정확한 발음을 할 수 있다.

볼펜 물고 발음하기

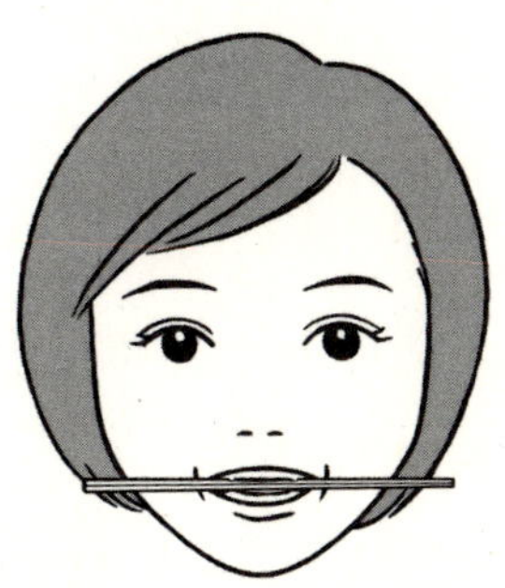

1 입에 물 볼펜이나 나무젓가락을 준비한다.

2 1을 송곳니에 물어 고정한다.

3 '오늘의 종합 훈련'에 있는 글을 읽는다.

상황에 딱 맞는 스피치 스킬 익히기

이제까지 훈련으로 목소리의 기본기와 공명 발성을 통해 나만의 음색을 찾아보았다. 또한 자음과 단모음 훈련으로 보다 명료한 발음을 갖게 되었다. 3주차에서는 소리가 변하는 이중모음과 상황에 맞는 스피치 스킬을 익힐 것이다.

의미 단위 구분 화법

많은 사람들이 긴장해서 잘못 읽거나 말을 더듬는 경우가 많다. 이런 상황을 방지하기 위해서는 발표할 글이나 답할 내용을 미리 읽고 문장을 의미 단위로 묶어 말하는 의미 단위 구분 화법을 사용하는 것이 좋다.

이미지화 화법

각 단어가 갖고 있는 고유의 특성을 부각시켜 듣는 사람은 자신이 이미 알고 있는 느낌을 떠올리게 하는 화법을 이미지화 화법이라고 한다. 이 화법은 주로 '뻐근하다', '따뜻하다', '짜다', '거칠다'와 같은 감각어를 강조해 듣는 사람이 이미 알고 있는 느낌을 떠올리도록 한다.

포즈 강조 화법

잠시 중지하다라는 뜻을 가진 포즈(Pause)를 활용한 강조 말하기. 강조하고자 하는 단어 앞에서 한 템포 쉰다. 쉬는 시간은 원하는 만큼이며 이때 눈을 맞추며 좌중을 바라보면 더욱 주목을 끌 수 있다.

포물선 화법

같은 말을 건네도 따뜻하고 상냥함이 느껴지는 목소리의 비결은 둥근 말투에 있다. 단어를 감싸듯 포물선을 그리며 발화하는 화법으로 손가락으로 목소리의 오르내림을 따라 포물선을 그리며 연습하면 쉽게 따라할 수 있다.

스타카토 · 레카토 화법

스타카토 화법은 연주기법 중에서 음을 하나하나 짧게 끊는 방법을 스피치에 적용한 것이다. 어미나 조사를 늘이지 않고 짧게 딱 끊어 구사하여 말의 신뢰감을 높인다. 레카토 화법은 음과 음 사이가 끊어지지 않도록 연주하는 기법을 스피치에 적용한 것으로 어미나 조사를 끊지 않고 상승조로 길게 늘여 말한다. 이는 밝은 분위기를 연출할 때 주로 쓰인다.

장음 강조 화법

강조하고자 하는 어두를 길게 늘여 말하는 방법이다. 어두를 길게 끌어 강조하고자 하는 단어에 관심을 집중시킬 수 있다. 또한 말하기에 길고 짧은 리듬이 생겨 듣는 사람에게 생동감 있게 말을 전달할 수 있는 장점이 있다.

리듬 강조 화법

강조하고자 하는 부분의 목소리 톤을 높여 주위를 환기시키거나, 오히려 목소리 톤을 낮춰 주위를 집중시키는 등 말하기의 강약과 완급을 조절해 듣는 사람이 지루하지 않게 의사를 전달할 수 있다.

매일매일 준비 운동

복식 호흡

코와 입을 통해 5초간 천천히 숨을 들이마신다.
3초간 정지한 후 10초간 천천히 숨을 내쉰다.
이를 5회 반복한다.

복부 발성

아랫배가 나오도록 코와 입을 통해 5초간
천천히 숨을 들이마신다. 3초간 정지한 후
복부를 수축시키며 10초간 '아~' 발성한다.
이를 5회 반복한다.

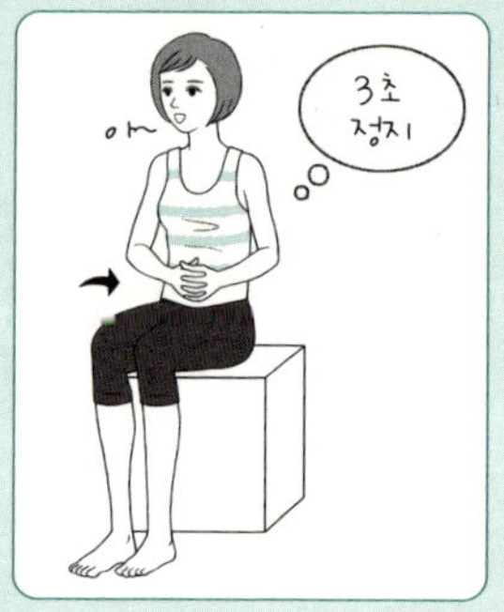

공명 발성

코로 호흡을 내쉬며 4초간 '믐~~', 4초간 '는~~',
4초간 '응~~' 발성한다.
이를 10회 반복한다.

조음기관 스트레칭

1 양쪽 뺨을 손바닥으로 감싼 뒤 부드럽게 작은 원을 그리듯 마사지한다.

2 윗니와 아랫니를 음식을 씹듯이 부딪친다.

3 왼쪽 볼에 바람을 넣어 볼록하게 최대한 부풀린다. 오른쪽도 똑같이 반복한다.

4 윗입술과 아랫입술을 살짝 안으로 말아 넣었다가 '푸르르르' 하고 입안 공기를 길게 밖으로 내보내면서 입술을 떤다.

5 혀로 치아, 잇몸, 볼, 입천장 능 입안 전체를 닦는다.

6 '따르르릉' 소리를 내며 혀를 입천장에 부드럽게 굴린다.

오늘의 훈련 목표
1. 의미 단위 구분하기
2. 'ㅚ, ㅟ' 정확한 입 모양 알기

스피치 훈련 – 의미 단위 구분하기

말하고자 하는 내용을 미리 읽고 의미 단위로 동그라미를 쳐서 묶는다. 이때 의미 단위 구분은 주관적으로 절대적인 답은 없다. 의미 단위로 구분하였다면 한 묶음씩 묶음을 의식하며 읽는다. 다음의 글을 먼저 눈으로 읽고 예시와 같이 펜으로 의미 단위로 묶어 표시한 후 소리내어 읽어보자.

예) 인생은 흘러가는 것이 아니라 채워지는 것이다.

모든 사람들이 행복하게 일하려면 세 가지가 필요하다.

삼류 리더는 자기의 능력을 사용하고 이류 리더는 남의 힘을 사용하고 일류 리더는 남의 지혜를 사용한다.

부자들은 가난한 사람들이 어떻게 살고 있는지를 알아야 한다. 가난한 사람들은 부자들이 어떻게 일하고 있는지를 알아야 한다.

인생에서 가장 중요한 것은 실패했다고 낙심하지 않는 것이며 성공했다고 지나친 기쁨에 도취되지 않는 것이다.

'괴'와 '귀'는 단모음으로도 이중모음으로도 분류할 수 있지만 보통은 간편하게 단모음으로 분류한다. '괴' 발음할 때는 'ㅔ'에서 강제로 입 모양을 동그랗게 오므려 발음한다. '귀'를 단모음으로 발음할 때는 'ㅣ'에서 강제로 입 모양을 동그랗게 만든다. 거울을 보며 발음 훈련을 해보자.

❶ '외'는 '에'를 발음한다고 생각하고 준비한 후 강제로 입 모양을 동그랗게 만들어 발음한다.

❷ '위'는 '이'를 발음한다고 생각하고 준비한 후 강제로 입 모양을 동그랗게 만들어 발음한다.

위기	귀걸이	취득세	튀김	쥐	뒷골목
외교	괴물	최근	최면	퇴근	회장

최근 유래 없는 취업난으로 취업 괴담이 유행한다.

뒷골목을 지날 때는 귀걸이와 같은 귀금속을 최대한 지참하지 말라.

위기 상황 대비하기 위한 훈련에 회장님도 동참하셔야 합니다.

의미 구분 단위 화법과 '긔, ㅟ' 발음 훈련을 적용하여 다음을 녹음하며 읽어본다. 눈으로 먼저 읽은 후 펜으로 위미 단위 묶음을 표시하고 '긔, ㅟ' 입 모양을 기억하며 천천히 읽어보자.

뇌파 훈련은 노화를 방지해줄 뿐 아니라 나이와 상관없이 지능을
훌려는

발달시켜준다. 바이오피드백 연구 분야의 선구자인 시그프리드 오

스머 박사는 뇌파 훈련이 독해력, 기억력, 논리력을 향상시킨다는
독캐력   기엉녁   놀리력

연구 결과를 내놓기도 했다.
내:노키도

그의 연구에 따르면, 지능 지수가 100 이하인 아이들에게 뇌파

훈련을 시키자 지능 지수가 평균 23점 상승했다고 한다. 더 놀라운

사실은, 실험에 참여한 아이들을 이후 1년간 추적 조사한 결과 실

험 당시 상승했던 지능 지수가 계속 유지되었으며 자신감, 창의성,
창이성

집중력 등도 확연히 개선되었다는 점이다.
집쭝녁   화견히

예전에는 뇌파 훈련을 하려면 전문가의 클리닉을 찾아가 두피에

전극을 붙이기 위해 찐득거리는 접착제를 발라야 했다. 그러고는

컴퓨터 화면 앞에 앉아 창의력 강화, 집중력 향상, 스트레스 완화,

수면, 명상 등의 상태에 도달하려면 뇌파를 어떻게 조절해야 하는

지 배워야만 했다. 하지만 지난 30년 동안 바이오피드백 연구 기술

이 급속도로 발전하면서, 이제는 헤드폰과 오디오 기기만 있으면

누구나 쉽게 뇌파 훈련을 할 수 있게 되었다.

마이클 겔브 · 켈리 하월 지음, 《뇌를 젊게 하는 8가지 습관》 中

🎧 **녹음한 내 목소리를 들으며 비교 평가해보자.**

호흡이 안정감 있고 말의 속도가 적당한가?_____________________________

발성이 힘 있게 되고 있는가?____

입 주변에서 울림이 느껴지는가?_____________________________________

발음이 정확하게 전달되는가?____

목소리 톤을 자연스럽게 조절할 수 있는가?___________________________

QR코드를 스캔하여 들어보고 녹음한 내 목소리와 어떻게 다른지 비교해보자.

____

오늘의 훈련 목표
1. 이미지화 화법으로 말하기
2. 'ㅑ, ㅕ' 정확한 입 모양 알기

스피치 훈련 – 이미지화 화법으로 말하기

　문장 속에서 이미지화할 수 있는 단어를, 그 단어의 뜻에 따라 목소리의 높낮이, 속도의 완급을 조절하여 말한다. 예를 들어 '겨울엔 따끈따끈한 야채호빵 어떠세요?'라는 문장이 있다면 '따끈따끈'이라는 단어를 '따끈~따끈~'과 같이 '끈'을 길게 말하면 그렇지 않은 것보다 훨씬 따뜻하게 느껴진다. 아래의 글에서 이미지화할 단어를 찾아 밑줄을 긋고 이미지화 화법으로 읽어보자.

　내일도 맑고 따뜻한 날씨가 계속 되겠습니다.

　정부는 북한이 도발 시 강력 대응하겠다고 밝혔습니다.

　시원한 수박으로 달콤하게 만든 수박화채는 뜨거운 여름날을 잊게 만든다.

　빨간 장미와 노란 개나리가 만발한 이곳에 있으면 봄의 싱그러움을 마음껏 만끽할 수 있다.

　'ㅑ'는 'ㅣ' 입 모양에서 소리가 시작되어 'ㅏ'로 입 모양이 바뀌면서 발음되는 소리이며, 'ㅕ'는 'ㅣ' 입 모양에서 소리가 시작되어 'ㅓ'로 입 모양이 바뀌면서 발음되는 소리다. 거울을 보며 발음 훈련을 해보자.

❶ '이' 발음을 하듯 입 모양을 가로로 당겨 소리를 내기 시작하여 '아' 발음을 하듯 입 모양을 만들어 '야' 발음을 한다.

❷ '이' 발음을 하듯 입 모양을 가로로 당겨 소리를 내기 시작하여 '어' 발음을 하듯 입 모양을 만들어 '여' 발음을 한다.

야구　야생화　야성미　향기　갸름하게　갸륵하다
여름　켜다　펼치다　겨울　겨우　벼

겨울에 새벽마다 문안을 오다니 효성이 갸륵하다.
갸름하게 핀 야생화의 향이 여기저기 퍼져나간다.
여수에서 천연기념물이 발견되었다.

　　이미지화 화법과 'ㅑ, ㅕ' 발음 훈련을 적용하여 다음을 녹음하며 읽어본다. 먼저 글에서 이미지화할 단어에 밑줄을 치고 'ㅑ, ㅕ' 발음을 기억하며 천천히 읽어보자.

　　이야기는 사산 완조의 왕인 샤리아르가 노예에게 한눈을 판 부인
（한:누늘）

에 대한 복수심으로 매일 새로운 여인들을 궁으로 불러서 하루를
（복쑤심）

함께한 다음 죽이는 것으로부터 시작돼. 온 나라가 이런 왕의 포악
（주기는）（거스로부터）（포아）

함에 전전긍긍하고 있을 때 세에라자드라는 총명한 여인의 기지로
（카메）

젊은 여성들이 매일 같이 죽어 나가는 위기를 모면하게 되지. 궁으
（절믄）

로 불려간 세에라자드는 자신의 이야기가 재미있다고 생각되면 살

려주고, 그렇지 못하면 죽여도 좋다고 왕에게 요청했거든. 그가 들
（모타면）（주겨도）（조타고）

려주는 이야기의 재미에 홀린 왕은 천 하루 동안 이야기를 계속하

도록 살려두었다고 해. 그래서 제목이 천 하루 밤의 이야기, 즉 '천
（바메）

일야화'야.

많은 이야기 가운데에서 내가 가장 재미있게 읽었던 이야기는
〈알리바바와 사십 인의 도둑〉이야. 기지를 발휘해 알리바바를 습격
하려고 한 도둑을 몰아내는 하녀의 이야기는 지금도 기억에 남는
단다. 도둑들이 알리바바의 집에 ×표를 그려 구분시켜 놓자 모든
노차
집에 ×표를 해 도둑들을 혼란에 빠뜨리거든.
홀:라네

이해명 지음, 《아들아, 너는 이런 책을 읽어라》 中

🎧 **녹음한 내 목소리를 들으며 비교 평가해보자.**

호흡이 안정감 있고 말의 속도가 적당한가?________________________________

발성이 힘 있게 되고 있는가?________________________________

입 주변에서 울림이 느껴지는가? ________________________________

발음이 정확하게 전달되는가?________________________________

목소리 톤을 자연스럽게 조절할 수 있는가?________________________________

QR코드를 스캔하여 들어보고 녹음한 내 목소리와 어떻게 다른지 비교해보자.
____

오늘의 훈련 목표
1. 포즈 화법으로 강조하기
2. 'ㅛ, ㅠ' 정확한 입 모양 알기

스피치 훈련 – 포즈 화법으로 강조하기

강조하고자 하는 단어 앞에서 짧게는 1초에서 길게는 3초까지 쉬어 다음에 나올 단어에 귀를 기울일 수 있도록 만드는 화법이다. 긴 문장이라면 두 번을 사용해도 좋지만 너무 잦으면 듣는 사람이 오히려 집중할 수 없다. 다음 글을 '/' 표기에서 1~2초 정도 쉬며 읽어보자.

옛 성현은 마흔을 가리켜 / '불혹' 이라 했다.

거미하면 막연히 무서웠는데, 참 / 고마운 존재라는 걸 알았습니다.

겨울밤은 다른 계절의 밤보다 / 많은 이야깃거리를 담고 있습니다.

실패가 새로운 / 도전의 기회라는 것을 잘 알고 있습니다.

'ㅛ'는 'ㅣ' 입 모양에서 소리가 시작되어 'ㅗ'로 입 모양이 바뀌면서 발음되는 소리이며, 'ㅠ'는 'ㅣ' 입 모양에서 소리가 시작되어 'ㅜ'로 입 모양이 바뀌면서 발음되는 소리다. 거울을 보며 발음 훈련을 해보자.

❶ '이' 발음을 하듯 입 모양을 가로로 당겨 소리를 내기 시작하여 '오' 발음을 하듯 입 모양을 만들어 '요' 발음을 한다.
❷ '이' 발음을 하듯 입 모양을 가로로 당겨 소리를 내기 시작하여 '우' 발음을 하듯 입 모양을 만들어 '유' 발음을 한다.

| 교실 | 묘목 | 요리 | 효성 | 교육 | 교차로 |
| 규모 | 규격 | 유리 | 휴직 | 규제 | 큐시트 |

묘에는 사당, 종묘, 문묘가 모두 포함된다.

유료 샤워장의 유리는 깨끗하지만 무료 샤워장의 유리는 더러웠다.

육아 휴직자를 위한 이유식과 유아식 요리 교실의 규모가 커졌다.

포즈 화법과 'ㅛ, ㅠ' 발음 훈련을 적용하여 다음을 녹음하며 읽어본다. 눈으로 읽고 포즈할 곳을 미리 체크한 뒤 'ㅛ, ㅠ' 입 모양을 기억하며 천천히 읽어보자.

"레오나르도, 반가워요! 오랜만이에요. 유럽에 갔었나요?"

"아뇨. 뉴욕에 친구들 만나러 며칠 다녀왔어요."

"그 친구들은 이탈리아인들이었어요?"

"아뇨. 필라델피아 출신들이었어요."
출씬

주유소라는 일상적인 환경에서 직원은 예측 서비스를 제공했다.
지궈는

그는 고객의 이름, 선호도, 살아온 개인사를 기억하는 수고를 했다.
기어카는

관심을 받고 싶은 것은 인간의 보편적인 욕구이다. 레오나르도는
욕꾸

표현하지 않았지만 자신을 기억해주고 관심을 가져주는 직원이 고
기어캐주고   지궈니

마웠을 것이다. 이런 과정 속에서 레오나르도는 점점 더 충성고객

이 되어갈 것이다. 주유소에 대한 친밀도도 더 이상 설명할 필요 없

이 높아질 것이다. 당신이 오너라면 직원들이 고객과 이러한 관계

를 지속적으로 유지하도록 격려해야 한다. 그러면 레오나르도는 러

시아워 때도 반 마일을 유턴해서 이 주유소로 오는 수고를 마다하

지 않을 것이다.

레오나르도 인길레이 · 마이카 솔로몬 지음, 《왜 그들의 서비스에 사람들이 몰릴까?》 中

🎧 **녹음한 내 목소리를 들으며 비교 평가해보자.**

호흡이 안정감 있고 말의 속도가 적당한가?_______________________________________

발성이 힘 있게 되고 있는가?_______________________________________

입 주변에서 울림이 느껴지는가?_______________________________________

발음이 정확하게 전달되는가?_______________________________________

목소리 톤을 자연스럽게 조절할 수 있는가?_______________________________________

QR코드를 스캔하여 들어보고 녹음한 내 목소리와 어떻게 다른지 비교해보자.

____

오늘의 훈련 목표
1. 포물선 화법으로 말하기
2. '게, ㅐ' 정확한 입 모양 알기

스피치 훈련 – 포물선 화법으로 말하기

　상냥한 목소리의 비결은 둥근 말투에 있다. 내뱉는 단어를 감싸 듯 포물선을 그리며 말하는 방법은 듣는 사람에게 큰 호감을 준다. 강조의 정도에 따라 포물선의 크기가 달라진다. 아래 표시되어 있는 포물선 모양을 따라 글을 읽어보자. 어렵다면 손가락으로 포물선 모양을 따라하면 쉽다.

안녕하세요. 성공과 믿음의 행복파트너 ○○○입니다.

말 못할 고민이 있으신가요? 지금 바로 행복도우미가 찾아갑니다.

반갑습니다. 위드원입니다.

이쪽으로 안내해드리겠습니다.

실례가 안 된다면 제가 도움을 드려도 되겠습니까?

'ᅨ'는 'ᅵ' 입 모양에서 소리가 시작되어 'ᅨ'로 입 모양이 바뀌면서 발음되는 소리이며, 'ᅤ'는 'ᅵ' 입 모양에서 소리가 시작되어 'ᅤ'로 입 모양이 바뀌면서 발음되는 소리다. 거울을 보며 발음 훈련을 해보자.

❶ '이' 발음을 하듯 입 모양을 가로로 당겨 소리를 내기 시작하여 '에' 발음을 하듯 아래턱을 내려 '예' 발음을 한다.

❷ '이' 발음을 하듯 입 모양을 가로로 당겨 소리를 내기 시작하여 '애' 발음을 하듯 아래턱을 더욱 내려 '얘' 발음을 한다.

얘기

예능   예단   예비군   계곡   계란   폐허

예단은 예비 신부가 예비 시부모님께 예물로 보내는 비단을 말한다.

예능 프로그램에 출연하기 위해 많은 연예인들이 특별한 자기계발을 한다.

계곡에서 찐 계란을 먹으며 얘기꽃을 피웠다.

포물선 화법과 'ㅒ, ㅖ' 발음 훈련을 적용하여 다음을 녹음하며 읽어본다. 미리 읽고 강조할 부분을 포물선을 그리고 'ㅒ, ㅖ' 입 모양을 기억하며 천천히 발음한다.

예전에 내가 반대편 기슭에 서 있을 때는 이쪽 기슭에 서 있는 노
　　　　　　　기슥　　　　　　　　　　　　　　　　기스게

인들과 약간의 차이를 느꼈지만 심하다고 생각하지는 않았다. 그런
　　　　약깐

데 지금은 세계가 빠르게 변화하면서 하루가 20년은 되는 듯하다.

내가 이쪽 기슭으로 옮겨오자마자 갑자기 반대편에 있는 젊은이들
　　　　　기스그로　　　　　　　　　　　　　　　　　　절므니드

에게서 '신 인류'의 분위기가 풍기기 시작했다. 그들이 하는 행동
레게서　　　　신 일류

의 대부분이 나로서는 이해하기 힘들다. 남녀 간의 자유연애만 두

고 보더라도 오랜 옛날에는 완전히 금지했고, 그대로 들어서면서는
　　　　　　　옌:나레는　　　　　　　　　　　　　　드러서면서는

허락되기는 했지만 감히 대놓고 연애하는 사람은 많지 않았다. 연
　　　　　　　　　　　　　대노코

인의 입맞춤은 두말할 필요도 없이 비밀리에 해야 하는 것이었다.

그런데 지금은 어떠한가. 젊은이들이 벌건 대낮에 남들 보는 앞

에서 공공연히 입을 맞추고도 아주 태연스럽다. 심지어 그보다 더
맞추고도

노골적인 행동을 하기도 한다. 그런 광경을 볼 때마다 가슴이 철렁
노골쩌긴

내려앉고 도무지 이해할 수가 없다. 난 앞뒤가 꽉 막힌 사람은 아니
내려안꼬

라고 자부하고, 온종일 잔소리만 해대는 노인들과는 다르다고 생각
온:종일

해왔다.

지셴린 지음, 《다 지나간다》 中

🎧 **녹음한 내 목소리를 들으며 비교 평가해보자.**

호흡이 안정감 있고 말의 속도가 적당한가?________________________________

발성이 힘 있게 되고 있는가?____

입 주변에서 울림이 느껴지는가?______________________________________

발음이 정확하게 전달되는가?____

목소리 톤을 자연스럽게 조절할 수 있는가?______________________________

QR코드를 스캔하여 들어보고 녹음한 내 목소리와 어떻게 다른지 비교해보자.

____

오늘의 훈련 목표
1. 연주 기법으로 말하기
2. 'ㅘ, ㅝ' 정확한 입 모양 알기

스피치 훈련 – 연주 기법으로 말하기

음을 하나하나 짧게 끊는 스타카토와 음과 음 사이가 끊어지지 않도록 연주하는 레카토를 화법에 적용해보자. 녹음된 목소리를 듣고 그대로 따라 읽어보자.

❶ 스타카토 화법 : 어미나 조사를 짧게 딱 끊어 말한다.

기상청은 현재 동해안을 지나고 있는 구름의 움직임을 주시하고 있다고 밝혔습니다.

명나라 때 만들어진 술잔이 중국 도자기로는 사상 최고가에 팔렸습니다.

❷ 레카토 화법 : 어미나 조사를 끊지 않고 길게 늘여 말한다.

안녕하세요.~ 반갑습니다.~ ○○○입니다.~

어제 축구소식 들으셨죠? 정말 기분 좋은 아침입니다.~

'놔'는 'ㅗ' 입 모양에서 소리가 시작되어 'ㅏ'로 입 모양이 바뀌면서 나는 소리이며, 'ㅟ'는 'ㅜ' 입 모양에서 소리가 시작되어 'ㅓ'로 입 모양이 바뀌면서 나는 소리다. 거울을 보며 발음 훈련을 해보자.

❶ '오' 발음을 하듯 입 모양을 오므리려 소리를 내기 시작하여 '아' 발음을 하듯 입을 크게 벌려 '와' 발음을 한다.

❷ '우' 발음을 하듯 입술을 앞으로 내밀어 소리를 내기 시작하여 '어' 발음을 하듯 입술을 세로로 길게 벌려 '워' 발음을 한다.

과일   와송   관직   광부   놔라

권고   원단   월세   둬라   궐기대회

과외를 너무 과하게 하면 과유불급이 된다.

원두커피에 들어가는 원두는 원래 콜롬비아가 원산지이다.

관직별로 궐기대회가 열렸다.

스타카토 화법과 레카토 화법을 각각 적용하여 다음을 녹음하며 읽어본다. '놔, ㅝ'의 입 모양을 기억하며 천천히 발음한다.

디즈니랜드는 처음부터 달랐다. 무엇보다 대중교통수단으로는

갈 수가 없었기에, 가난한 사람은 디즈니랜드에 갈 방법이 없었다.

설령 그럭저럭 정문에 도착해도 경비원의 눈을 피해 안으로 들어갈
　　　그럭쩌럭　　　　　　　도:차캐도　　　　　　　　　　　아느로

여지가 없었다.

그러나 디즈니는 텔레비전의 가치를 최대한 활용하는 입신의 솜
　　　　　　　　　　　　　　　　　화룡하는　　　　입씬

씨를 보였다. 디즈니랜드를 개장하기 1년 전, 디즈니는 디즈니랜드

의 사업 내용을 홍보하는 텔레비전용 시리즈를 1주일에 한 시간씩

방영하기 시작했다. 그 프로그램은 처음 4년 동안 아예 '디즈니랜
　　　시자캔따

드'라 불렸다. 첫 방송을 비롯해 시리즈에 포함된 많은 프로그램은
　　　　　　　　　　　　　　　　　　　　　　　　　마는

스모그로 자욱한 캘리포니아의 끝자락에 있는 오렌지 과수원에서
　　　　　　　　　　　　　　　　　끝짜락

시작되는 환상적이고 손에 땀을 쥐게 하는 이야기로 꾸며지며, 그

런 낙원에 대한 관심을 불러일으키는 데 초점이 맞춰져 있었다.

　디즈니랜드가 개장하자, 사람들은 앞 다퉈 그 놀이공원을 향해

달려갔다. 2년 만에 디즈니랜드는 연간 450만 명의 관람객을 끌어
괄람객

들였다.

빌 브라이슨 지음, 《빌 브라이슨 발칙한 미국산책》 中

🎧 **녹음한 내 목소리를 들으며 비교 평가해보자.**

호흡이 안정감 있고 말의 속도가 적당한가?＿＿＿＿＿＿＿＿＿＿＿＿＿＿

발성이 힘 있게 되고 있는가?＿＿＿＿＿＿＿＿＿＿＿＿＿＿＿＿＿＿＿＿

입 주변에서 울림이 느껴지는가?＿＿＿＿＿＿＿＿＿＿＿＿＿＿＿＿＿＿

발음이 정확하게 전달되는가?＿＿＿＿＿＿＿＿＿＿＿＿＿＿＿＿＿＿＿

목소리 톤을 자연스럽게 조절할 수 있는가?＿＿＿＿＿＿＿＿＿＿＿＿＿

QR코드를 스캔하여 들어보고 녹음한 내 목소리와 어떻게 다른지 비교해보자.

＿＿＿＿＿＿＿＿＿＿＿＿＿＿＿＿＿＿＿＿＿＿＿＿＿＿＿＿＿＿＿＿＿

오늘의 훈련 목표
1. 장음 화법으로 강조하기
2. '내, 궤' 정확한 입 모양 알기

스피치 훈련 – 장음 화법으로 강조하기

강조하고자 하는 단어의 어두를 길게 늘이면 듣는 사람은 그 단어에 집중하고 기억하게 된다. 또한 말 자체에 리듬이 생겨 생동감을 줄 수 있다. 녹음된 목소리를 듣고 그대로 따라 읽어보자.

우리의 작:은 관심이 큰: 선물이 될 수 있습니다.

우리의 음식 비빔밥은 세:계적으로 유:명한 음식입니다.

어린아이들의 상:상력은 매우 풍:부합니다.

수:천년의 역사를 가진 이곳은 보기만 해도 마음이 편:안해집니다.

조음기관 운동 습관은 정:확한 발음에 큰: 도움이 됩니다.

'놰'는 'ㅗ' 입 모양에서 소리가 시작되어 'ㅐ'로 입 모양이 바뀌면서 나는 소리이며, 'ᅰ'는 'ㅜ' 입 모양에서 소리가 시작되어 'ㅔ'로 입 모양이 바뀌면서 나는 소리다. 거울을 보며 발음 훈련을 해보자.

❶ '오' 발음을 하듯 입 모양을 오므리려 소리를 내기 시작하여 '애' 발음을 하듯 입을 가로로 당기며 '왜' 발음을 한다.

❷ '우' 발음을 하듯 입술을 앞으로 내밀어 소리를 내기 시작하여 '에' 발음을 하듯 입술을 가로로 살짝 당기며 '웨' 발음을 한다.

왜란   쇄골   돼지   횃불   왜냐하면
궤짝   웬일   췌장   웨딩드레스

임진왜란 왜적을 무찌르기 위해 매일 밤 횃불을 밝혔다.
궤짝에 웨딩드레스를 담아왔다.
돼지고기라니 웬일이니?

장음 화법과 '내, 궤' 발음 훈련을 적용하여 다음을 녹음하며 읽어본다.

이렇게 쓰레기에 대한 정의의 차이가 방의 청결 정도에 대한 차
[이러케 / 정이에]

이로 나타나는 것이다. 버려야 할 물건에 대한 인식이 바뀌고, 사용
[물거네 / 인시기]

하지 않았던 물건, 이제 사용 안 할 물건을 방에서 볼 때마다 거부
[물거늘 / 거:부]

감을 느끼게 된다면 청소는 더욱 속도가 붙게 된다. 이것이 내가 말
[가믈]

하는 유쾌/불쾌 센서이다. 사용하지 않는 물건이 방 안을 점거하고
[안는 / 물거니]

있는 것을 보고 불쾌감을 느끼게 되면 그 물건을 정리하고픈 생각
[물거늘 / 생가]

이 생기는 것이다.
[기]

"살 당시에는 비쌌던 것이라 버리기 아까워."라며 옷장 속을 유
[비쌀떤]

행이 지난 유명브랜드 의류로 꽉 채운 집을 많이 보았다.

과거에 비싼 돈을 주고 샀다 하더라도 앞으로 더는 입지 않을 옷
[삳따 / 아프로]

을 옷장 속에 걸어두는 것은 옷장 속에 쓰레기를 가득 채워놓는 것

과 같다. 무의식중에 '아, 거추장스러워. 이제 입지도 않는데……'

라는 생각을 하면서도 비싸게 주고 사서, 아직 쓸 수 있으니까, 버

리기 아까워서 방 안에 자리 잡고 있는 저 물건은 점차 당신의 미적

감각을 퇴화시키는 쓰레기가 될 것이다.

이미무라 사토루 지음, 《10초 아침 청소 습관》 中

🎧 **녹음한 내 목소리를 들으며 비교 평가해보자.**

호흡이 안정감 있고 말의 속도가 적당한가?________________________________

발성이 힘 있게 되고 있는가?________________________________

입 주변에서 울림이 느껴지는가?________________________________

발음이 정확하게 전달되는가?________________________________

목소리 톤을 자연스럽게 조절할 수 있는가?________________________________

QR코드를 스캔하여 들어보고 녹음한 내 목소리와 어떻게 다른지 비교해보자. 

____

오늘의 훈련 목표
1. 리듬 화법으로 강조하기
2. 'ㅢ' 정확한 발음 알기

스피치 훈련 – 리듬 화법으로 강조하기

강조하고자 하는 단어나 구문을 강하게 혹은 목소리 톤을 낮춰서 혹은 속도를 천천히 해서 말하는 화법이다. 이는 강조하고자 하는 의미를 효과적인 전달할 수 있을 뿐 아니라 말이 전체적으로 생동감 있게 느껴진다. 녹음된 목소리를 듣고 그대로 따라 읽어보자.

❶ 강하게 말하기

아무리 먼 거리에 있더라도 형제의 인연은 그 누구도 끊을 수 없다.

❷ 낮춰서 말하기

남을 소중히 여길 때 남도 나를 소중히 받들어준다.

❸ 천천히 말하기

고통은 참아 내면 되지만 포기는 영원한 상처로 남는다.

'의'는 3가지로 다르게 발음된다. 다음을 듣고 그대로 따라 읽어
보자.

❶ 초성이 자음으로 시작하는 경우에는 'ㅣ'로 발음한다.

희망　　너희　　논의　　무늬　　환희　　띄어쓰기

❷ 단어의 첫음절이 '의'인 경우에는 입 모양이 'ㅡ'로 시작하여 'ㅣ'
로 재빠르게 움직여 '의'로 발음한다.

의자　　의사　　의미　　의심　　의무　　의의

❸ 조사 '의'는 '에'로 발음할 수 있다.

사랑의 열매　　　나의 고향　　　아이의 희망

나의 부모님이 계신 시골 마을 의사 선생님은 거의 환자가 없어
매일 의자에 앉아 존다.

아이에게 희망을 주는 '사랑의 열매'의 의미는 강의실 의자에 앉
아서는 배울 수 없는 것이다.

리듬 화법과 'ㅢ' 발음 훈련을 적용하여 다음을 녹음하며 읽어본
다.

사람을 상대하는 직업군일수록 해당 부서의 직책이 올라가면 자
지겁꾸닐쑤록

기를 바라보는 시선에 혼란이 생기기 쉽습니다. 말단 직원이었을
홀란   말딴

때는 고객, 상사 할 것 없이 누구에게나 겸손하고 무조건적으로 수
무조껀저그로

용적인 자세를 취했을 것입니다. 그러나 점차 직급이 상승하면서
직끄비

진정한 나를 어디에서 찾아야 하는지 종종 헷갈리기 쉽습니다. 자
헫깔리기

신의 정체성을 직장 내 위치나 직급에 주로 두는 사람들의 경우, 사

연녀와 같은 난관에 봉착하기 쉽습니다. 직책이 높아졌는데도 고객

은 자신을 여전히 회사 사원으로 대하기 때문에 심한 괴리감을 느
때무네

끼기 쉽습니다. 자칫 '내가 이 회사의 핵심 멤버인데 이런 나를 몰

라보다니' 라는 느낌이 무의식적으로 생겨나 고객에게 괘씸한 마음
무의:식쩌그로

이 들 수 있는 것입니다.

　임기응변이긴 하지만 이런 경우 응급 처방이 있다면 '피뢰침의 원칙'을 말씀드릴 수 있습니다. 고객이 화내는 대상은 '내'가 아니라 '회사'라는 사실을 떠올려야 하며, 나는 그저 회사의 임원으로서 고객을 맞는[맏는] 피뢰침의 역할만[여칼] 하면 된다는 마음가짐이 바로 그것입니다.

김현철 지음, 《울랄라 심리카페》 中

🎧 **녹음한 내 목소리를 들으며 비교 평가해보자.**

호흡이 안정감 있고 말의 속도가 적당한가?＿＿＿＿＿＿＿＿＿＿＿＿＿＿＿＿＿＿＿

발성이 힘 있게 되고 있는가?＿＿＿＿＿＿＿＿＿＿＿＿＿＿＿＿＿＿＿＿＿＿＿＿＿

입 주변에서 울림이 느껴지는가?＿＿　＿＿＿＿＿＿＿＿＿＿＿＿＿＿＿＿＿＿＿＿

발음이 정확하게 전달되는가?＿＿＿＿＿＿＿＿＿＿＿＿＿＿＿＿＿＿＿＿＿＿＿＿＿

목소리 톤을 자연스럽게 조절할 수 있는가?＿＿＿＿＿＿＿＿＿＿＿＿＿＿＿＿＿＿

QR코드를 스캔하여 들어보고 녹음한 내 목소리와 어떻게 다른지 비교해보자.

어린아이 말투를 고치고 싶어요

현장에서 보면 여성 교육생 중 70%는 어린아이 말투로 고민한다. 학창 시절에는 큰 문제가 없었지만 사회생활을 시작하면서 어린아이 말투 때문에 지적을 받는 경우가 적지 않다는 것이다.

어린아이 말투는 잘못된 조음 습관 때문이다. 혀, 턱 등이 제대로 발달하지 않은 아이 특유의 말투를 따라 해 문제가 된 것이다. 그러나 대부분 구강구조에 큰 장애나 이상이 없는 이상 잘못된 습관은 훈련으로 얼마든지 고칠 수 있다.

1 조사나 어미를 내리자

지금 "안녕하십니까? ○○○입니다."라고 말해보자. 어미인 '까'와 '다'를 올리거나 힘을 주지 않는가. 어미나 조사를 올리거나 힘주어 말하게 되면 정작 중요한 단어는 들리지 않아 의미 구분이 명확히 되지 않는다.

"안녕하십니까? ○○○입니다."에서 '안녕', '○○○'를 강조하여 힘을 주어 말하고 '니까'와 '니다'는 하강조로 내리는 연습을 하자. 이때 '니까'의 경우 의문형으로 사용할 때는 다음 문장과 이어지기 쉽도록 끝을 살짝 올리는 느낌으로 말하되 강하게 발음하지 않는다.

2 톤을 낮추자

아성(아기 목소리)을 쓰는 사람들의 특징은 톤이 높고 성대를 조이는 목소리를 가졌다. 성인이 이런 목소리를 내는 경우 인위적으로 성대를 지나치게 조이면서 말하는 것이기 때문에 목에 무리가 많이 가게 된다. 따라서 평소 후두에 손을 두고 '아~~' 발성 후에 말해보자. 또는 남자 목소리를 흉내 내면 자연스럽게 한 톤 내려간다. 물론 복식 호흡을 이용해 목소리 톤을 낮추게 되면 훨씬 더 깊고 울림이 있는 목소리를 연출할 수 있다.

3 조사나 어미를 끌지 말자

뉴스를 집중해서 보지 않아도 뉴스 내용이 명확하게 잘 들리는 이유는 조사나 어미를 끌지 않고 짧게 끊어 말하기 때문이다. 뉴스를 진행하는 아나운서처럼 키워드를 강조하며 조사와 어미를 끌지 않는 습관을 들이면 아성을 고칠 수 있다.

실전 상황에 목소리 적용하기

3주 전 처음 녹음했던 목소리를 들어보자. 마치 내 목소리가 아닌 것처럼 느껴질 것이다. 그동안 목소리의 기초 체력부터 나만의 음색 그리고 정확한 발음과 세련된 말투까지 목소리에 관한 모든 것을 훈련하였다. 이제 이 모든 것을 통합하여 실전 상황에 적용해보자.

방송 진행

MC, 리포터 등는 주로 생활에 밀착된 정보와 오락을 제공하는 만큼 듣는 사람과의 공감이 중요하다. 이렇게 상대의 공감이 필요한 경우는 밝고 중고음의 목소리 톤으로 말하는 것이 효과적이다. 중고음의 기분 좋은 목소리 톤과 정확한 정보 전달을 훈련할 수 있다.

내레이션

목소리로 감정을 전달하는 훈련을 할 수 있다. 주어진 내용을 바탕으로 상대방과 공감할 수 있도록 다양한 스피치 스킬을 사용한다. 또한 차분한 목소리 톤, 밝고 유쾌한 목소리 톤, 생동감 있는 목소리 톤 등 다양한 목소리 톤을 훈련할 수 있다.

뉴스 진행

바르게 말하기의 표본이라고 할 수 있는 뉴스를 진행하는 아나운서처럼 원고를 읽어보자. 이때 평소 뉴스를 전달하는 아나운서의 태도, 시선, 표정, 말투를 그대로 따라한다. 이를 통해 명료하게 발음하는 습관은 물론 신뢰감 있는 말투인 평조와 하강조도 훈련할 수 있다.

홈쇼핑 진행

홈쇼핑 쇼 호스트의 말하기는 정보는 물론 청자의 적극적인 공감을 이끌어 내는 말하기다. 중고음 톤의 밝은 목소리를 바탕으로 상승조를 주로 사용한다. 딱딱한 느낌을 주는 '～다', '～까' 와 같은 어미보다는 친근하고 상냥한 느낌을 주는 '～요' 어미를 사용한다. 혼자 이야기하고 있지만 마치 대화를 하듯 편안하게 말하는 것이 상대의 공감을 이끌어낸다.

프레젠테이션

상대에게 신뢰감을 주어 설득하는 훈련을 할 수 있다. 핵심 키워드를 중심으로 간결하고 정확하게 메시지를 전달하고 효과적으로 설득한다.

매일매일 준비 운동

복식 호흡

코와 입을 통해 5초간 천천히 숨을 들이마신다.
3초간 정지한 후 10초간 천천히 숨을 내쉰다.
이를 5회 반복한다.

복부 발성

아랫배가 나오도록 코와 입을 통해 5초간
천천히 숨을 들이마신다. 3초간 정지한 후
복부를 수축시키며 10초간 '아~' 발성한다.
이를 5회 반복한다.

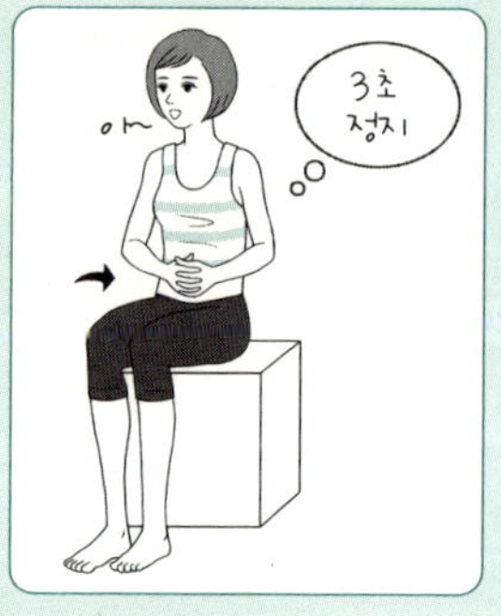

공명 발성

코로 호흡을 내쉬며 4초간 '믐~~', 4초간 '는~~',
4초간 '응~~' 발성한다.
이를 10회 반복한다.

조음기관 스트레칭

1 양쪽 뺨을 손바닥으로 감싼 뒤 부드럽게 작은 원을 그리듯 마사지한다.

2 윗니와 아랫니를 음식을 씹듯이 부딪친다.

3 왼쪽 볼에 바람을 넣어 볼록하게 최대한 부풀린다. 오른쪽도 똑같이 반복한다.

4 윗입술과 아랫입술을 살짝 안으로 밀어 넣었다가 '푸르르르' 하고 입안 공기를 길게 밖으로 내보내면서 입술을 떤다.

5 혀로 치아, 잇몸, 볼, 입천장 등 입안 전체를 닦는다.

6 '따르르릉' 소리를 내며 혀를 입천장에 부드럽게 굴린다.

오늘의 훈련 목표
1. 밝게 상승조로 말하기
2. 방송 MC처럼 말하기

어미 훈련 – 밝게 상승조로 말하기

리포터, MC, 예능 내레이션 등 밝은 분위기로 말하기 위해 사용하는 조사, 어미 처리 방법이다. 조사와 어미 등 말끝을 곡선을 그리듯 위로 향하여 말하는 방식으로 밝고 경쾌한 느낌을 준다.

한 성질, 한 고집하는 최강 악동들이 떴다!

집 나간 며느리도 불러온다는 전어의 향연 속으로 떠나보자!

출발, 드림팀! 오늘의 장애물을 소개합니다!

상황이나 위치, 맡은 역할에 따른 전형적인 이미지를 말로써 전달하는 것을 페르소나라고 한다. 텔레비전 정보 프로그램의 MC의 모습을 그려보자. 상냥하면서도 친근한 말투와 생동감 넘치는 말하기로 호감을 불러온다.

❶ 즐겨보는 정보 프로그램의 MC 모습을 떠올린다.

❷ 시선은 정면을 응시하고 표정은 미소를 짓는다.

❸ 중고음의 상냥하고 친근한 목소리 톤으로 '음~' 공명 발성한다.

❹ 아래 글을 편안하게 읽고 스피치 스킬 등을 표기한다.

A: 바로 숨 쉬는 그릇이라고 불리는 옹기. 옹기의 경우에는 열을
그르시

오랫동안 유지해주니깐 국물도 따끈하게 오래 먹을 수 있겠죠.
오랟똥안   궁물

B: 맞습니다. 그래서 옹기의 제작현장을 바로 이승진 리포터가
제자켠장

다녀왔습니다. 함께 가보시죠.

KBS 〈생생 정보통〉

다음 글을 의미 단위로 묶은 후, 원고의 성격에 맞는 MC를 떠올리며 상승조의 밝고 상냥한 말투로 녹음하며 읽어보자.

제철 농산물 배달에 이어 최근에는 조리된 반찬을 배달해 주는

인터넷 반찬가게들이 인기를 얻고 있다고 합니다. 주문이 간편할
　　　　　　　　　　　　인끼

뿐 아니라 제철 음식재료를 사용해 맛이 좋고, 반찬 종류도 다양하
　　　　　　　　　　　　마디/　조코
　　　　　　　　　　　　마시

다는 점이 인터넷 반찬가게의 인기 비결입니다.
　　　　　　　　　　　인끼

가게 종류는 크게 두 가지로 직접 식단을 짜서 배달해주는 곳과
　　　　　　　　　　직쩝　　식따늘

단품을 배달해 주는 곳입니다. 직접 식단을 짜 배달해 주는 가게는
　　　　　　　　　　　　직쩝　　식따늘

오늘은 뭐 해먹을까 걱정하지 않고, 매끼 제대로 된 식사를 할 수

있다는 것이 장점인데, 조리 시간이 부족한 맞벌이 가정 사이에서
　　　　　　장쩌민데　　　　　　　　맏뻐리

큰 인기를 얻고 있다고 합니다.
　　인끼

혼자 사는 1인 가구 사이에서는 단품을 배달해 주는 곳이 인기를
　　　　　　　　　　　　　　　　　　　　　　　인끼

끌고 있는데, 매일 주문받은 양만큼 조리해 배송하는데다 가격이
저렴한 것이 인기 요인입니다.

　한 상 가득 차려진 이 요리들은 인터넷 반찬가게에서 주문한 음
식들인데요. 반찬들은 일회용 용기에, 국과 찌개는 냉동된 상태로
아이스박스에 담겨 배송됩니다.

MBC 〈스마트리빙〉

🎧 **녹음한 내 목소리를 들으며 비교 평가해보자.**

호흡이 안정감 있고 말의 속도가 적당한가?_______________________________________

발성이 힘 있게 되고 있는가?____

입 주변에서 울림이 느껴지는가?__　　____

발음이 정확하게 전달되는가?____

목소리 톤을 자연스럽게 조절할 수 있는가?____

QR코드를 스캔하여 들어보고 녹음한 내 목소리와 어떻게 다른지 비교해보자.

____

오늘의 훈련 목표
1. 차분하게 하강조로 말하기
2. 다큐멘터리 내레이션 말하기

어미 훈련 – 차분하게 하강조로 말하기

조사나 어미가 밑으로 떨어지는 말하기 방식으로 무게감이 느껴지며 신뢰감을 준다. 뉴스 읽기 또는 다큐멘터리 내레이션에서 주로 사용되는 조사, 어미 처리 방법이다.

봄을 맞아 건설 경기가 상승세를 타면서 바쁜 하루를 보내고 있다.

보믈 마자

모악산 맑은 물줄기와 비옥한 땅이 길러 낸 전주의 맛.
말근

예부터 사람들은 이것을 전주 10미라 일컬었다.
이거슬   일커러따

내레이션은 어떤 분야를, 어떤 주제로 이야기하느냐에 따라 말하는 방법이 다르다. 대표적으로 다큐멘터리 같은 경우에는 하강조를 사용한 차분한 말투를, 예능에서는 상승조를 사용한 친근하고 밝은 말투를 사용한다.

❶ 기억나는 다큐멘터리 내레이션을 떠올린다.

❷ 중저음의 차분한 목소리 톤으로 '아~' 공명 발성한다.

❸ 아래 글을 편안하게 읽고 스피치 스킬 등을 표기한다.

아마존으로 떠나기 위해 우리 스태프들은 모두 풍토병 예방주사
아마조느로

를 맞아야 했다. 그리고 예방약도 처방받았다. 시작부터 유난히 많
마자야 핸따   유:난히

은 준비 과정이 필요한 촬영이었다.

다음 글을 의미 단위로 묶은 후 원고의 성격에 맞는 내레이션을 떠올리며 하강조 혹은 상승조로 녹음하며 읽어보자.

모악산 맑은 물줄기와 비옥한 땅이 길러 낸 전주의 맛. 예부터 사
　　　　말근　물쭐기　　　비오칸　　　　　　　　　　　　맏
람들은 이곳을 전주 10미라 일컬었다. 콩나물, 미나리, 애호박, 황
　　　　　　　　　　　일커럳따
포묵 등이 그 주인공이다.

깨끗한 물로 키운 미나리와 콩나물은 예나 지금이나 그 맛과 향
　　깨끄탄　　　　　　　　　　　　　　　　　　　　맏꽈
이 좋아 소문이 자자하다. 또 50년 묵힌 씨간장으로 맛을 낸 콩나
물무침, 황포묵, 애호박전은 유서 깊은 종가가 지켜온 전주의 깊은
　　　　　　　　　　　　　　　　　　　　　　　　　기픈
맛이다.
마디다/
마시다
전주 10미 중 하나인 콩나물은 전주 사람들이 즐겨먹는 음식 중
　　　　　　　　　　　　　　　　　　　　　　　　음:식
하나. 전주에서 가장 오래된 남부시장에는 유난히 콩나물 가게가
많은데 국밥용, 찜용, 무침용 등 그 종류도 다양하다. 그 명성 덕에
마는데　국빱용

생겨난 음식이 바로 콩나물 국밥. 끓이지 않고 살짝 데친 콩나물을

넣고 토렴해서 말아내는 것이 남부시장식 콩나물국밥의 특징.

기후와 풍토 탓에 먹기 시작한 콩나물은 이제 명실공이 전주를

대표하는 맛이 됐다.

〈한국 기행〉 모악산과 전주 2부

'온 고을에 깃든 맛 전주 10미' 中

오늘의 훈련 목표
1. 신뢰감 있는 평조로 말하기
2. 뉴스 아나운서처럼 말하기

어미 훈련 – 신뢰감 있는 평조로 말하기

말하는 음의 높낮이 변화가 거의 없다. 이렇게 말을 하면 안정적이고 중립적인 느낌을 준다. 주로 뉴스 읽기에 사용하는 방법이다.

미국의 일부 해외 직배송 쇼핑몰에서 파는 캡슐 형태의 건강기능

식품에서 안전성이 입증되지 않은 젤라틴이 검출돼 문제가 되고 있
안전썽

습니다. 문제가 된 젤라틴에는 식용으로 사용하지 않는 성분이 포
시공

함되어 있습니다.

뉴스를 진행하는 아나운서처럼 말하기는 명료한 발음과 신뢰감 있는 목소리를 연습하기에 가장 좋다. 또박또박 단어를 읽는 연습과 중립적인 태도로 평조와 하강조를 사용하는 목소리를 훈련하자.

❶ 뉴스에 나오는 아나운서를 떠올린다.

❷ 시선은 정면을 응시하고 표정은 감정을 드러내지 않는다.

❸ 중저음의 목소리 톤으로 설정하고 '아~' 공명 발성한다.

❹ 어미와 조사는 가급적 평조와 하강조로 구사하며 '~다', '~까' 어미로 짧게 끊어 발음한다.

❺ 아래 글을 편안하게 읽고 스피치 스킬 등을 표기한다.

서울, 경기 지역 평균 주택가격 상승률이 떨어지고 있는 반면, 대
_{상승뉴리} _{떠러지고} _{읻는}

구, 전주 등은 계속 오르고 있습니다. 통계청에 따르면 지난해 전국

16개 시도 가운데 대구의 주택가격 상승률이 5.82%로 가장 높았고
_{노팓꼬}

전주가 5.14%로 2위를 기록했습니다.
_{기로캔씀니다}

다음 글을 의미 단위로 묶은 후 텔레비전 속 아나운서의 모습을
떠올리며 평조와 하강조를 사용해 녹음하며 읽어보자.

서울 시민들이 작년에 자녀 1인당 월 평균 55만원의 사교육비를
〔장녀네〕

지출한 것으로 나타났습니다. 통계청과 서울시에 따르면 작년 서울
〔지출한〕 〔거스로〕   〔장년〕

의 고소득층은 70만8천 원, 중산층은 61만 원, 저소득층은 37만2

천 원을 월 평균 사교육비로 사용해 가구당 월 평균 소득의 16%를

사교육비에 쓴 것으로 집계됐습니다.
〔거스로〕

서울시민의 평균 연령은 37.6세로 고령화가 급속히 진행되고 있으
〔열령〕   〔급쏘키〕

며 월평균 소득이 200만 원에서 400만 원 사이인 가구가 전체의
〔소드기〕

65%로 10가구 중 6가구가 중산층에 해당되는 것으로 나타났습니다.

다음 뉴스입니다.

러시아를 공식 방문 중인 강창희 국회의장은 발렌티나 마트비엔
〔강창히〕 〔구쾨의장은〕

코 러시아 상원의장과 만나 한국과 러시아의 국회 협력협정을 체

결했습니다. 강 의장은 양국 국회의 협력기반을 바탕으로 한국과

러시아가 실질적인 협력 확대를 이룰 수 있기를 기대한다고 밝혔

습니다.

오늘의 훈련 목표
1. 적극적으로 메시지 전달하기
2. 쇼 호스트처럼 말하기

제스처 훈련 – 적극적으로 메시지 전달하기

　말을 할 때 취하는 제스처는 몸으로 표현하는 언어다. 키워드를 말하며 제스처를 취해 청각과 시각을 동시에 자극한다. 적극적으로 상대를 설득해야 하는 홈쇼핑, 프레젠테이션과 경쾌한 분위기로 진행하는 정보성 프로그램 혹은 예능 프로그램에서 사용한다. 거울을 보며 다음 밑줄 친 부분을 제스처와 함께 표현해보자.

주문이 폭주하고 있습니다. 지금 바로 <u>전화주세요.</u> (수화기를 드는 제스처)

맛과 멋의 고장 전주로 지금 <u>출발합니다.</u> (손을 앞으로 뻗는 제스처)

발레스트레칭으로 한 달 만에 무려 <u>5kg을</u> (손가락 5개를 모두 펴 보이는 제스처)

감량한 분을 모셨습니다.

홈쇼핑 쇼 호스트들은 밝고 경쾌한 말투를 바탕으로 상대방을 설득한다. 듣는 사람이 기분 좋은 상승조의 말투와 제스처 등을 활용한 말하기를 훈련해보자.

❶ 홈쇼핑에 나오는 쇼 호스트를 떠올린다.

❷ 시선은 정면을 응시하고 미소를 짓는다.

❸ 중고음의 목소리 톤을 설정하고 '음~~' 공명 발성한다.

❹ 어미와 조사는 가급적 상승조를 구사한다.

❺ 아래 글을 편안하게 읽고 스피치 스킬과 제스처를 취할 곳을 표기한다.

안녕하세요. 위드원홈쇼핑 ○○○입니다. 어제가 어버이날이었어요. 아마 부모님과 통화하시면서 건강 상태를 비롯해서 이런저런 안부를 물어보셨을 텐데요.

다음 글을 의미 단위로 묶은 후 홈쇼핑 속 쇼 호스트의 모습을 떠올리며 제스처를 사용해 녹음하며 읽어보자.

A: 안녕하세요. 위드원홈쇼핑 ○○○입니다.

B: 네, 반갑습니다. 위드원홈쇼핑 △△△입니다.

A: △△ 씨, 혹시 △△ 씨 부모님은 보험이 있으세요? 저희 아버
저히

지는 얼마 전 보험을 가입하려고 하다 거절당했어요. 고혈압 약을
고혀랍   야글

오래 드셨다고 안 된다고 하더라고요.

B: 네, 맞아요. 고혈압, 당뇨 같은 지병은 물론 혹은 암 등 과거
고혀랍   호근

병력을 이유로 많은 분들이 보험을 가입하고 싶어도 가입하지 못하
병녀글   마는 분드리

고 있어요.

A: 맞습니다. 지금 이런저런 이유로 한국인 중 천만 명이 넘는 사

람이 보험 가입이 불가능한 상황입니다. 그러나 이제 걱정할 필요
보:험가이비   걱쩡할   피료

가 없습니다. 국내 최초로 보험에 가입하지 못하는 분들을 위한 보
_가   모타는

험을 오늘 소개합니다. 상담만하면 "불가! 불가! 불가!"라는 말만 들

었던 분들 주목하세요.

　B: 이 보험은 가입 시 딱 3가지 질문만 드립니다. 그리고 이 질문

통과하시면 바로 가입하실 수 있습니다.

🎧 **녹음한 내 목소리를 들으며 비교 평가해보자.**

호흡이 안정감 있고 말의 속도가 적당한가?＿＿＿＿＿＿＿＿＿＿＿＿＿＿＿＿＿＿

발성이 힘 있게 되고 있는가?＿＿＿＿＿＿＿＿＿＿＿＿＿＿＿＿＿＿＿＿＿＿＿＿＿

입 쭈변에서 울림이 느껴지는가?＿＿＿＿＿＿＿＿＿＿＿＿＿＿＿＿＿＿＿＿＿＿＿

발음이 정확하게 전달되는가?＿＿＿＿＿＿＿＿＿＿＿＿＿＿＿＿＿＿＿＿＿＿＿＿＿

목소리 톤을 자연스럽게 조절할 수 있는가?＿＿＿＿＿＿＿＿＿＿＿＿＿＿＿＿＿＿

QR코드를 스캔하여 들어보고 녹음한 내 목소리와 어떻게 다른지 비교해보자.

＿＿＿＿＿＿＿＿＿＿＿＿＿＿＿＿＿＿＿＿＿＿＿＿＿＿＿＿＿＿＿＿＿＿＿＿＿＿

오늘의 훈련 목표
1. 호감을 얻는 자기소개 하기
2. 오늘의 면접 실전 훈련

실생활 적용 훈련 – 호감을 얻는 자기소개 하기

면접, 새로운 모임, 거래처 사람을 만났을 때 등 간단하게 혹은 길게 자기소개를 해야 하는 경우가 많다. 자기소개가 곧 나의 첫인상을 결정하므로 상황에 따라 어떤 목소리 톤을 설정할지, 어떤 강조법을 써야 할지 선택하도록 한다. 여기서 기억해야 할 것은 어떤 상황에서도 생동감 있게 말해야 한다는 것이다.

❶ 높임 강조

안녕하십니까? 유연하지만 강인함을 지닌 ○○○입니다.

❷ 낮춤 강조

저는 증권사에서 일하기를 그 누구보다 간절히 원하고 있습니다.

❸ 천천히 강조

모의훈련에도 꾸준히 참가하여 관련 경험을 쌓았습니다.

다음 글을 읽고 중요하다고 생각하는 부분에 강약과 완급을 체크하여 다시 읽어보자.

저에게는 친화력, 순발력, 추진력의 3가지 장점이 있습니다. 처음 만나는 사람과도 쉽게 대화를 하며 빠르게 친해질 수 있는 저의 가장 큰 장점은 조직 내 활력을 불어넣는 원동력이 되리라 확신합니다.

'막히더라도 다른 관점에서 사물을 봐라.' 저는 이러한 자세로 좌절하는 상황에서도 포기하지 않고 무슨 일이라도 적극적으로 노력해 왔습니다.

'최선을 지향하라. 하지만 최악에도 대비하라' 를 신조로 저는 행동할 때에는 항상 '신중함'과 '대담함'이라는 상반되는 두 가지를 염두에 두고 있습니다.

면접은 자신을 하나의 상품이라고 생각하고 자신만의 강점을 내세워 상대방에게 호감을 주어야 한다. 다음에 표기된 강약과 완급에 따라 녹음하며 읽어보자.

활처럼 유연하지만(천천히) 강인함을(강하게) 가지고 있는 지원자 ○○○(강하게)입니다. 저는 저의 인생이란 지도에 목표를 항상 설정하고 이를 성취하기 위해 유연함을(천천히) 바탕으로 일할 수 있는 3가지 역량을(강하게) 가지고 있습니다. 첫째,(포즈) 나와 다른 사람을 끌어안을 수 있는 포용력, 둘째,(포즈) 외국인들과 소통할 수 있는 의사소통 능력, 셋째,(포즈) 목표를 위해 정진하는 노력입니다.

안녕하십니까? 지원자 ○○○입니다. 부모님은 저에게 항상 '정직과 신용이 재산이다'(강하게)라고 가르치셨습니다. 정직과 신용이 있어야 사람의 신뢰를 얻을 수 있고(낮춤 강조) 어려운 일이 있더라도 주위 사람들이 외면하지 않는다고 말씀하셨습니다. 이러한 성품으로 인해 주변 사람들과 끈끈한 관계를(천천히 강조) 유지하고 있습니다.

어릴 적부터 저는 제가 추구해야 할(천천히) 새로운 목표로 설정하

며 성장했습니다. 그런 과정 속에서 성취감이(강하게) 무엇인지를 깨닫게 되었고 스스로 목표를 설정하고 달성하는 방법을(강하게) 터득할 수 있었습니다.

이를 힘들다고 생각하기보다는(낮춤 강조) 이 노력 끝에 제가 선택할 보다 나은 출발선을 생각하며 밝게 지냈습니다. 이런 성장과정을 통해 만들어진 제 생활신조는 '현재의 위치를 겸허하게 받아들이되(낮춤 강조), 보다 멀리 도약할 수 있는 준비된 사람이 되자'(강하게) 입니다. 앞으로도 제 꿈인 전문 관리사가 되기 위해 끊임없이 노력하고 준비해 나갈 것입니다.

🎧 **녹음한 내 목소리를 들으며 비교 평가해보자.**

호흡이 안정감 있고 말의 속도가 적당한가?＿＿＿＿＿＿＿＿＿＿＿＿＿＿＿＿＿＿

발성이 힘 있게 되고 있는가?＿＿＿＿＿＿＿＿＿＿＿＿＿＿＿＿＿＿＿＿＿＿＿＿

입 주변에서 울림이 느껴지는가?＿＿＿＿＿＿＿＿＿＿＿＿＿＿＿＿＿＿＿＿＿＿

발음이 정확하게 전달되는가?＿＿＿＿＿＿＿＿＿＿＿＿＿＿＿＿＿＿＿＿＿＿＿

목소리 톤을 자연스럽게 조절할 수 있는가?＿＿＿＿＿＿＿＿＿＿＿＿＿＿＿＿＿＿

QR코드를 스캔하여 들어보고 녹음한 내 목소리와 어떻게 다른지 비교해보자.

＿＿＿＿＿＿＿＿＿＿＿＿＿＿＿＿＿＿＿＿＿＿＿＿＿＿＿＿＿＿＿＿＿＿＿＿＿＿

오늘의 훈련 목표
1. 청중을 집중시키는 말하기
2. 오늘의 스피치 실전 훈련

실생활 적용 훈련 – 청중을 집중시키는 말하기

과거에는 다른 사람 앞에서 자신의 생각을 이야기하고 혹은 가르치는 일은 학교 선생님과 같은 특별한 직업군에서나 일어나는 일이었다. 그러나 요즘은 다양한 강연의 기회가 많다. 자신감 있는 태도와 키워드 강조, 청중의 집중력을 분산시키지 않는 리드미컬한 말투로 청중을 집중시켜보자.

❶ 자신이 준비한 내용을 미리 읽고 의미 단위로 묶는다.

❷ 평소 감명 깊게 들은 연설이나 강연이 있다면 이를 떠올려 페르소나 훈련을 한다.

❸ 자신의 내용에 맞는 목소리 톤을 설정하고 공명 발성한다.

❹ 전체 글에 강약과 완급을 주어 생동감을 준다.

❺ 자연스러운 미소를 짓고 키워드를 말할 때 제스처를 사용한다.

다음 글을 의미 단위로 묶은 후 강약과 완급을 체크하며 읽어보자.

성공은 우리에게 동기를 부여하지만 절반에 가까운 완성은 계속
절바네 완:성 계:속

되는 탐험을 가능하게 합니다. 이런 예들 가운데 가장 확실한 것은

경기를 마친 후 올림픽 은메달리스트와 동메달리스트의 차이를 보

면 분명하게 나타납니다. 은메달리스트가 갖는 좌절감은 4등을 하

고 메달을 못 받은 것은 아니라는 안도감으로 조금 더 행복한 동메
몯 바든 거슨

달리스트에 비해서 그 다음 대회에 더 집중할 수 있습니다. 바로 이
집쭝

것이 완성에 가까운 것이라 할 수 있는 것입니다. 그것은 바로 지금
그거슨

우리가 보는 저 산을 정복하기 위해 무엇을 할 것인지 계획하게 해
사늘 계:회카게

주죠.

'거의 성공에 가까운 것이라면 받아들이세요' 강연 中

세계적인 스피치 프로젝트인 테드(TED)의 유명 강연 글을 통해 청중을 집중시키는 말하기를 훈련해보자.

여러분은 테드의 가장 큰 비밀이 뭔 줄 아십니까?

테드는 실패담 컨퍼런스와 같습니다. 정말입니다. 이곳이 놀라운 이유가 뭔지 아십니까?

여기서는 오직 소수만이 실패를 두려워하기 때문입니다. 그리고 무대에 오른 누구나, 지금까지 제가 봐 온 바로는, 실패하지 않은 이가 없습니다. 저도 비참하게 실패했었습니다. 여러 번이나요.

작년의 저를 구해준 훌륭한 문구가 있습니다. 경기장에 있을 땐 잘하면 이길 것이고, 못하면 질 것이다. 하지만 실패하더라도, 또는 지더라도, 감히 무모하리만치 멋지게 질 것이다."

그리고 제겐 이 테드 컨퍼런스가 그렇습니다. 그것이 삶인 거죠.

대담하게 용기를 내는 것 , 경기장 안에 있는 것 말입니다.

그 경기장으로 가서 여러분이 문에 손을 갖다 대었을 때, 그리고

"나는 들어간다. 나는 이를 시도해 볼 것이다."라고 생각할 때 방법

을 터득해낼 수 있습니다. 그래서 전 이 생각을 여러분께 남기고 떠

나고자 합니다. 우리가 방법을 찾으려 하면, 연약함이 그 경로가 될

것입니다.

여러분 대단히 감사합니다. 정말 감사합니다.

브렌 브라운의 테드 강연 中

🎧 **녹음한 내 목소리를 들으며 비교 평가해보자.**

호흡이 안정감 있고 말의 속도가 적당한가?_______________________________________

발성이 힘 있게 되고 있는가?_______________________________________

입 주변에서 울림이 느껴지는가?_______________________________________

발음이 정확하게 전달되는가?_______________________________________

목소리 톤을 자연스럽게 조절할 수 있는가?_______________________________________

QR코드를 스캔하여 들어보고 녹음한 내 목소리와 어떻게 다른지 비교해보자.
____

오늘의 훈련 목표
1. 상대를 설득하는 말하기
2. 오늘의 프레젠테이션 실전 훈련

실생활 적용 훈련 – 상대를 설득하는 말하기

말하기는 정확한 정보 전달이 목적이다. 하지만 실생활에서는 그런 정보를 바탕으로 상대가 나의 의견에 설득되는 것이 더욱 중요하다. 나의 기획안을 통과시키는 것에도 제품을 판매하는 것에도 모두 설득력 있는 말하기가 필요하다.

❶ 자신이 준비한 내용을 미리 읽고 의미 단위로 묶는다. 이때 각 단락의 시작에는 포즈를 주어 강조하도록 한다.

❷ 키워드를 찾아 이를 효과적으로 전달할 스피치 스킬을 결정한다.

❸ 중저음의 신뢰감 있는 목소리 톤을 설정하고 공명 발성한다.

❹ 어미는 스타카토 화법으로 짧게 끊어 명료함을 준다.

❺ 밝고 활기찬 표정으로 키워드를 말할 때 간단한 제스처를 사용한다.

다음 글에 효과적으로 전달하고 설득하기 위한 방법을 체크하며 읽어보자.

안녕하십니까? 위드원 고객관리방안 설명을 맡은 ○○○입니다.
고객괄리방안

금번 제안은 고객데이터베이스 관리 시간을 단축시킬 수 있는 3가지 관리 방안에 대한 것입니다.
괄리
괄리

첫째, 고객관리 데이터를 책임지고 관리할 수 있도록 각 구역에 담당자를 지정하여 담당자 명과 사진을 부착하는 것입니다.
괄리할 쑤   읻또록
부차카는

둘째, 작업 시간을 오전과 오후로 나누어서 각 시간대별 담당 업무를 지정하여 업무의 효율성을 높이는 것입니다.
자겁
효:율썽을

셋째, 매일 아침 책임자 회의를 열어 고객들의 불만사항과 그에 대한 피드백을 적극적으로 경청하는 것입니다.
채김자   회이를
적끅쩌그로

위 3가지 사항을 지키도록 권장하고 이에 대한 제도적 장치가 마련되어야 할 것으로 판단됩니다.

　프레젠테이션은 목적을 달성하기 위해 자신이 가지고 있는 정보를 효과적으로 상대에게 전달하고 이를 토대로 상대를 설득시켜야 한다. 호흡, 발음, 의미 구분, 스피치 스킬 등을 활용해 다음을 녹음하며 읽어보자.

　안녕하십니까. 위드원기업 판매촉진프로모션 제안 설명을 맡은

○○○팀장입니다.

　금일 훌륭하신 평가 위원님들을 모시고 위드원기업 판매촉진프
　　그밀　　　　　　　　　평:까　　　　　　　　　　　　　판매촉찐

로모션 제안에 참여하게 된 것을 당사의 큰 영광으로 생각하며 기
　　　　　　　차며

쁘고 설레는 마음으로 제안 설명을 시작하도록 하겠습니다.
　　　　　마으므로

　당사는 2006년 08월 03일, 설립일을 기준으로 하여 올해 업력 7
　　　　　　　　　　　　　　　　　　　　　　　　엄녁

년이 되었습니다. 당사의 신용평가등급은 A+등급이며 금년 매출

은 150억 원을 달성하였습니다.

조직의 운영은 대표이사를 중심으로 3개의 사업본부, 1개의 지

원본부로 구성되어 있으며. 총 98명의 전문 인력을 보유하고 있습

니다. 특히 당사의 가장 큰 장점은 다양한 협력사 네트워크를 구성

하여 우수인력을 확보하고 있다는 점입니다.

당사는 공정한 평가시스템, 고객감성적관리, 윤리경영으로 고객

의 불만은 최소화하고 보다 더 나은 서비스 품질을 위해 담당자들

과 협의하여 기대치를 넘어서는 마케팅 활동을 약속드리도록 하겠

습니다. 믿고 맡겨주시기 바랍니다. 고맙습니다.

🎧 **녹음한 내 목소리를 들으며 비교 평가해보자.**

호흡이 안정감 있고 말의 속도가 적당한가?______________________________

발성이 힘 있게 되고 있는가?______________________________________

입 주변에서 울림이 느껴지는가?____________________________________

발음이 정확하게 전달되는가?______________________________________

목소리 톤을 자연스럽게 조절할 수 있는가?____________________________

QR코드를 스캔하여 들어보고 녹음한 내 목소리와 어떻게 다른지 비교해보자. 

____

목소리 관리

성대는 목소리를 만들기 위해서 진동 작용, 개폐 작용, 윤활 작용을 한다. 성대의 진동은 윤활 작용에 의해서 소리를 만들어내게 되는데 이때 윤활 작용에 문제를 일으키게 되면 허스키한 목소리 또는 쉰 목소리가 만들어지게 된다.

즉, 손에 로션을 바르지 않고 거친 일을 하게 되면 손이 트는 것처럼 성대도 수분이 없는 상태에서 소리를 내게 되면 쉽게 갈라지고 상처가 나게 된다. 따라서 목소리를 건강하게 유지하는 방법 중 가장 좋은 방법은 미지근한 물을 자주 마셔 수분을 틈틈이 공급해주는 것이다. 이때 커피나 녹차와 같이 카페인이 들어 있는 음료는 오히려 몸 안의 수분을 밖으로 배출시키는 이뇨 작용을 하기 때문에 목소리 훈련을 할 때는 되도록 삼가는 것이 좋다.

또한 목소리 연습을 할 때 샤워를 하며 발성 연습을 하는 것도 좋다. 작은 공간에 자신의 목소리의 울림을 충분히 들을 수 있고 성대에도 역시 촉촉하게 수분이 공급되기 때문이다.

1 수시로 수분 공급하기

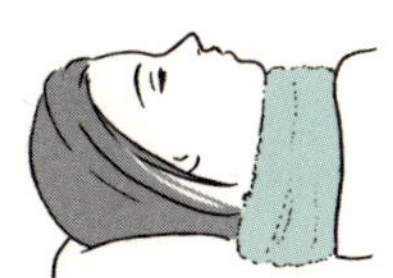

2 잘 때 수건으로 목 감고 자기

3 말하기 전 카페인 섭취 삼가하기

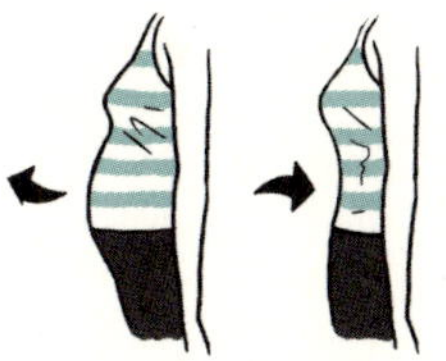

4 복식 호흡하기

5 습관적인 마른 기침 삼가하기

4주로 끝내는

목소리 성형

1판 1쇄 발행 2014년 8월 30일
1판 3쇄 발행 2018년 4월 3일

지은이 박지현
펴낸이 고병욱

기획편집2실장 장선희 **기획편집** 양춘미 이새봄 김소정
마케팅 이일권 송만석 황호범 김재욱 김을지 안기순 **디자인** 공희 진미나 백은주 **외서기획** 엄정빈
제작 심기창 **관리** 주동은 조재언 신현민 **총무** 문준기 노재경 송민진

디자인 이창욱 **일러스트** 오제훈

펴낸곳 청림출판(주)
등록 제1989-000026호

본사 06048 서울시 강남구 도산대로 38길 11 청림출판(주) (논현동 63)
제2사옥 10881 경기도 파주시 회동길 173 청림아트스페이스 (문발동 518-6)
전화 02-546-4341 **팩스** 02-546-8053
홈페이지 www.chungrim.com **이메일** life@chungrim.com
블로그 blog.naver.com/chungrimlife **페이스북** www.facebook.com/chungrimlife
인스타그램 @chungrimlife

ⓒ박지현, 2014

ISBN 978-89-97195-53-4 13510